Nach Herbert Paatz

Doktor Kleinermacher
führt Dieter in die Welt

Der Inhalt

Protagonist dieses Jugendbuchs ist ein alter Naturforscher, dem es mittels eines von ihm entwickelten Wirkstoffs gelingt, sich und ein jugendliches Geschwisterpaar bis auf Fliegengröße oder noch kleiner schrumpfen zu lassen.

Als winzige Zwerge unternehmen die drei Ausflüge in Bienenkörbe und Ameisenhügel, zu Meerestieren oder Kleinstlebewesen in Wasserlachen und Erdreich. Jedesmal geraten sie in atemberaubende, gefahrvolle Situationen.

Die mit besonderer Anschaulichkeit und märchenhaft dargestellten Ereignisse in einem für Menschen unzugänglichen Lebensumfeld sollen das Interesse jugendlicher Leser für Natur und Umwelt wecken.

Der Autor

Herbert Paatz wurde 1898 in Berlin als Herbert Fiebrandt geboren. Um als Mitglied der KPD der Verfolgung durch die Nationalsozialisten zu entgehen, wählte er das Pseudonym P a a t z. Bis Ende der Dreißiger Jahre schrieb er als freier Journalist und studierter Zoologe zahlreiche wissenschaftliche Artikel, danach die bis heute unvergessene Jugendbuch-Reihe, die 1938 mit dem reich illustrierten Roman »DOKTOR KLEINERMACHER FÜHRT DIETER IN DIE WELT« begann. Herbert Paatz wurde noch Ende 1944 zur Wehrmacht eingezogen und fiel wenige Wochen später.

Nach Herbert P a a t z

Doktor Kleinermacher
führt Dieter in die Welt

Teil I
der
»DOKTOR-KLEINERMACHER-TRILOGIE«

Überarbeitung und Neufassung durch
Claus H. Stumpff

CHS
BUCH

ISBN 978-154 552 353 7

DIE KAPITEL

1

DIETERS TRÄUME

Traute und Dieter spielten im Garten Federball. Traute lachte immerzu, aber Dieter verhielt sich nachdenklich und still. Er reagierte prompt auf jeden Schlag, jedoch waren seine Gedanken ganz woanders.

»Was hast du nur, Dieter?«, fragte ihn seine eineinhalb Jahre jüngere Schwester Traute.

»Na ja, ich muss gerade daran denken, dass wir immer älter werden und frage mich, was wohl eines Tages aus uns wird.«

»Du bist aber komisch, Dieter! Wenn ich älter werde, kleide ich mich halt anders und trage dann nicht mehr so eine scheußliche Kinderfrisur. Dann lerne ich fleißig, vielleicht studiere ich sogar, und später heirate ich einen reichen Mann. Und was willst d u später mal machen?«

»Ich möchte mal einen Beruf haben, der mich in die weite Welt führt, also auch nach Indien, Afrika und Amerika. In diesen Ländern könnte ich so manches Abenteuer erleben. Dort gibt es Wälder, wo Tiger herumschleichen, Riesenschlangen an Bäumen hängen und Affen von Ast zu Ast springen. Auch flitzen Gazellen über die Steppe, so schlank und herrlich anzusehen. Ein ganz bezauberndes Land muss Indien sein!«

»Wenn du wirklich mal dorthin reist, darf ich dich dann begleiten?«

»Na klar, Schwesterchen, du musst mich überall hin begleiten. Auch nach dem Südpol und nach Grönland. Über Grönland habe ich viel gelesen. Da drücken sich langsam die Gletscher ins Meer. Hundert Meter hoch sind die Eiswände oder noch höher. Dann plötzlich bricht ein Stück vom

Gletscher ab, es ist noch gewaltiger als ein riesiges Haus. Langsam schwimmt der abgebrochene Eisberg nach Süden und schmilzt nach und nach. Traute, das alles werden wir dann zu sehen bekommen. Die Welt ist so wunderschön. Aber jetzt sind wir noch Kinder und haben nichts davon.«

»Au fein, Dieter, wenn wir erwachsen sind, dann begleite ich dich überall hin. Der Mama möchte ich jetzt schon verraten, dass wir beide mal eine Weltreise unternehmen.«

»Warum denn immer erst dann, wenn wir erwachsen sind? Auch wir Kinder sollten die Welt kennenlernen, und das will ich tun. Die Erwachsenen interessieren sich kaum noch für Abenteuer und Weltwunder. Aber wir Kinder müssen unseren Eltern zeigen, wozu wir fähig sind. Die würden aus dem Staunen nicht mehr rauskommen und große Augen machen.«

»Du hast recht, nur habe ich noch ziemliche Angst vor der Fremde und vor Abenteuern. Aber trotzdem sollte man mutig entschlossen immer das tun, was einem am Herzen liegt.«

»Wir dürfen niemandem verraten, was wir vorhaben, es muss ganz unter uns bleiben. Gib mir dein Wort, dass du schweigst.«

Traute reichte ihrem Bruder die rechte Hand, und die linke legte sie auf ihre Brust. Dabei sah sie Dieter in die Augen und versprach, von der geplanten Weltreise keinem Menschen etwas darüber zu sagen, auch Mama und Papa nicht. Jedoch zitterte sie ein wenig dabei. Dieter aber kannte keine Furcht, und voller Mut blickte er seiner Schwester in die Augen. Dann aber wurde er wieder nachdenklich.

»Wohin wollen wir zuerst reisen? Ich werde auf Papas Globus danach suchen. Zuerst möchte ich nach Indien fahren. Aber dafür brauchen wir Geld. Wenn wir erst dort sind, können wir alles mit Muscheln bezahlen, die wir am Strand entdecken. Vielleicht finden wir auch Gold und Edelsteine. In Europa müssen wir aber noch alles mit Geld bezahlen. Die Frage ist, wie kommen wir an Geld?«

Traute meinte, ob man nicht doch lieber zu Hause bleiben und warten solle, bis man erwachsen sei. Noch ein Kind zu sein, das sei doch auch nicht schlecht und das Federballspiel hätte ihnen doch immer Spaß gemacht. Aber davon wollte Dieter nichts wissen. Er meinte, Mädchen seien leider zimperlich und hätten keinen Mut. Ein Mann aber müsse lernen, sich durchzuboxen. Aber auch er wusste nicht, wann und wo die Reise beginnen sollte. Da meinte Traute, vielleicht wäre es doch besser, sich einem Erwachsenen anzuvertrauen, der schon mal in Indien war.

Dieter erwiderte: »Quatsch, ein Erwachsener verrät uns bestimmt. Wir müssen ganz allein klar kommen.«

Doch da fiel ihm plötzlich etwas ein: In einem kleinen Häuschen unweit ihres Elternhauses lebte der pensionierte Biologe und Naturforscher Dr. Max Klein. Der war ein Jugendfreund ihres inzwischen verstorbenen Großvaters. Sie hatten ihn schon einige Male zusammen mit ihrem Opa aufgesucht. Im Wohnzimmer des alten Mannes standen ausgestopfte Tiere herum und an den Wänden hingen Bilder von fernen Ländern. Auf seinem Schreibtisch befand sich ein Mikroskop und vor der Terrassentür stand ein Fernrohr. Von den anderen, überall aufgestellten Apparaten hätte Dieter zu gern gewusst, wozu sie dienten. Aber je unbekannter alles war, desto geheimnisvoller erschien es ihm.

Doktor Klein war ein älterer Mann mit einem weißen Vollbart. Er mochte Kinder, und immer kamen welche, die ihn besuchten. Keinem von ihnen hätte er jemals ein Leid zugefügt.

Und was noch liebenswerter war, keines hatte er jemals bei Eltern oder Lehrern verpetzt. Wenn ihm etwas an einem Kind missfiel, dann ermahnte er es freundlich aber ernsthaft, und dann war alles wieder gut. Also nichts wie hin zum Doktor Klein, der konnte ihnen bestimmt helfen! Den Geschwistern war dieser Doktor also nicht mehr unbekannt. Trotzdem war ihnen nicht ganz wohl bei dem Gedanken, diesen Mann aufzusuchen, der wie ein Zauberer aussah.

Dieter fand gleich wieder das Haus. Als sie eintraten, war es im Flur so dunkel, dass Traute ihrem Bruder noch fester die Hand drückte. Auch im Treppenhaus wurde es nicht heller, und die Stufen knarrten bei jedem Schritt.

Dieter klingelte, und gleich darauf vernahmen sie schlurfende Schritte hinter der Tür. Doktor Klein schloss auf und blickte sie durch seine Brille freundlich an. Ein weißer Vollbart umrahmte sein ganzes Gesicht. Seine Haare waren nach hinten gekämmt und reichten bis auf den Kragen. Er lachte, als er die beiden erkannte und sagte:

»Na, das ist ja eine Überraschung. Ihr habt bestimmt was auf dem Herzen, das sehe ich euch gleich an. Aber kommt erst mal rein in meine gute Stube.«

Hier sah es genauso aus, wie Dieter es in Erinnerung hatte. Doktor Klein schien Hausrat aus aller Herren Ländern gesammelt zu haben. Bestimmt war er auch schon in Indien gewesen. Dann wiederholte der Doktor nochmals seine Frage, und Dieter sagte mutig:

»Lieber Herr Doktor, wir beide sind zwar noch jung, aber wollen eine Weltreise machen. In Indien möchten wir Tiger und Riesenschlangen beobachten, in Grönland Gletscher und Eisberge, in Afrika Löwen und Krokodile. Leider gibt es in Amerika keine echten Indianer und Büffel mehr. So wird es bald auch in Indien nur noch Intercitiy-Züge, Autos und U-Bahnen geben und rings um Grönland werden die Eisberge schmelzen. Noch lohnt sich für uns eine Weltreise. Traute und ich möchten alle Länder der Welt kennenlernen dort manches Abenteuer erleben. Ob du uns dazu verhelfen kannst?«

Der Doktor konnte sich ein heimliches Lächeln nicht verkneifen und nach Dieters Rede lachte er laut auf:

»Gut gesprochen, lieber Dieter, du bist ja ein richtiger Redner. Aber was liegt dir denn an Indien? Glaubst du wirklich, Indien wäre schöner als Deutschland?«

»Aber, Doktor Klein, wie können sie nur Deutschland mit Indien vergleichen? Ich dachte, sie wären ein weitgereister Mann!«

»Nur langsam, lieber Dieter, ich will euch mal etwas erzählen. Vor langer Zeit bekam ich Besuch von einem Griechen. Ich bat diesen Mann darum, mir von seiner Heimat zu berichten, von der Akropolis in Athen bis zu den Tempeln. Daraufhin meinte der Grieche, dass die Wälder und Berge in Deutschland viel schöner seien als die karge griechische Landschaft. Und unsere ICE-Züge fände er viel interessanter als die Akropolis und alle Tempel zusammen.«

Das konnte Dieter nicht begreifen, und Doktor Klein erzählte weiter:

»Wenn ich von einer Anhöhe aus in ein Tal hinabschaue, während die Sonne langsam am Horizont versinkt, wenn ich dabei das Rauschen einer Quelle höre, dann fühle ich mich so glücklich, dass ich keine Landschaft der Welt dagegen eintauschen möchte. Und dann sagst du, die Gazellen seien so schön. Ich habe fast alle Tiere der Erde gesehen, gewiss, die Gazellen sehen sehr anmutig aus, aber für die schönsten Tiere der Welt halte ich die Rehe in unseren Wäldern. Das sagt dir ein alter Weltreisender. Glaube mir, unsere Rehe haben so viel Anmut, so viel Grazie, dass mich ihr Anblick immer wieder entzückt.«

Darauf wusste Dieter nichts mehr zu sagen. So überzeugend waren die Erklärungen dieses weitgereisten, alten Mannes. Und auch Traute erkannte, dass es doch noch klügere Leute gab als ihren Bruder. Das hätte sie nie für möglich gehalten, sondern immer geglaubt, ihr Bruder wüsste viel mehr also mancher Erwachsene. Er dürfte es nur nicht zeigen, sonst würden die Erwachsenen neidisch. Aber was der Doktor sagte, klang wirklich überzeugend. Und der erklärte weiter:

»Nun meinst du, es gäbe in Deutschland keine Abenteuer. Die kannst du haben, mein kleiner Held. In Watte sollt ihr Jungen nicht gewickelt werden. Seht mal, ihr zwei Schlauen, hier ist ein kleiner Wassertropfen. In dem schwimmen so viele sonderbare Tiere in phantastischen Formen herum, wie sie kein Urwald Indiens aufzuweisen hat. Und die Tiere schwimmen nicht etwa friedlich durch das Wasser – ganz im Gegenteil, denn eines greift das andere an. In einem Wassertropfen gibt es Mord und Totschlag, Lebenskampf und bunte Schönheit.«

»Aber man kann das alles doch gar nicht sehen«, meinte Dieter.

Der Doktor lächelte: »Ja, das kann man nicht sehen, weil die Tiere und Pflanzen darin so winzig sind, sodass unser Auge sie nicht findet. Aber deshalb habe ich mir ein Mikroskop angeschafft. Ich werde jetzt einen Wassertropfen darunter legen, den könnt ihr dann durch das Okular betrachten.«

Der Doktor stellte das Mikroskop zur Durchsicht ein und winkte Dieter herbei. Zunächst konnte der Junge nichts mit dem sonderbaren Anblick anfangen, der sich ihm darbot, doch dann sah er alles immer deutlicher und genau so, wie der

Doktor es geschildert hatte. Die vielfältigen Formen der Tiere und Pflanzen waren gar nicht zu beschreiben. Dieter war vor Begeisterung sprachlos. Dann durfte auch Traute durch das Okular schauen und sagte:

»Also, Dieter, schöner als in diesem Wassertropfen kann es in Indien wirklich nicht sein. Ich habe ja gar nicht geahnt, was alles darin herumschwimmt«, erklärte sie begeistert.

Auch Dieter war überrascht und seine Augen glänzten. Von seiner Idee, nach Indien zu reisen, war nichts mehr zu spüren. Dann wurde er plötzlich nachdenklich und sagte:

»Indien hast du mir gründlich ausgetrieben, Doktor Klein. Nun habe ich aber einen ganz anderen Wunsch, vielleicht kannst du ihn mir erfüllen? Ich möchte nämlich gern so klein sein wie diese Tiere im Wassertropfen, um dann darin alle diese wundersamen Lebewesen direkt zu beobachten. Kannst du das ermöglichen?«

Der Doktor machte ein ernstes Gesicht und sagte zunächst nichts. Da hatte er den beiden Indien ausgeredet und jetzt sehnt Dieter sich nach anderen Abenteuern, diesmal in einem Wassertropfen! Beide Kinder warteten gespannt auf seine Antwort, dann sagte er:

»Ich habe mich selbst schon damit befasst«, sagte er. »So etwas ist zwar machbar, allerdings gefährlich und ich weiß nicht, ob das gut ausgeht. Aber du bist ein kleiner Draufgänger und ich möchte dich nicht enttäuschen. Darum mache ich mit dir einen Versuch. Komm morgen wieder, und dann wollen wir beide in einen Wassertropfen steigen. Aber wenn du Angst davor haben solltest, dann bleibe lieber daheim. Traute darf natürlich auch mitkommen, wenn sie sich über die möglichen Gefahren im Klaren ist.«

Traute sah ihren Bruder kurz an und sagte vergnügt:

13

»Natürlich komme ich mit!«

Die beiden verabschiedeten sich und gingen Hand in Hand nach Hause. Unterwegs wechselten sie kein Wort, denn sie ahnten, dass sie am nächsten Tag ein gefahrvolles Abenteuer erleben würden.

2

In einem Wassertropfen

Dieter und Traute wurden nachts von schrecklichen Träumen geplagt. Traute träumte, sie wäre bei Doktor Klein, der sie so winzig machen wollte, dass sie in einen Wassertropfen hineinpasste. Er legte sie auf einen Amboss und schlug mit einem Hammer so lange auf sie ein, bis sie immer weiter einschrumpfte. Traute schrie in ihrer Angst gellend auf. Dieter bekam davon nichts mit, denn beide hatten getrennte Kinderzimmer. Die Mutter kam herein, trat ans Bett und fragte besorgt:

»Was hast du denn, Trautchen?«

»Ach, der Doktor Klein schlägt mich immerzu mit einem Hammer. Ich soll kleiner werden als ein Wassertropfen.«

Plötzlich erinnerte sich Traute an das Versprechen, das sie Dieter gegeben hatte. Keinem Menschen sollte sie von dem Doktor erzählen, so hatte sie es versprochen. Dieter hatte sie dabei die Hand gegeben und die andere Hand auf die Brust gelegt. Nun hatte sie das Versprechen gebrochen. Sie schämte sich und sagte rasch: »Ach, einen Doktor Klein gibt es ja gar nicht. Das war gewiss nur ein böser Traum. «

Die Mutter lächelte und sagte: »Natürlich gibt es keinen Doktor Klein, du hast bloß schlimme Dinge geträumt. Schlaf nun wieder!.«

Auch Dieter träumte seltsames Zeug, und zwar von Abenteuern in einem Wassertropfen. Mit einem Schwert in der Hand schwamm er wie wild durch ein riesiges Meer. Wale, Haifische, Robben und Krokodile schwammen auf ihn zu. Die Tiere waren viel größer als er. Mit seinem Schwert hieb er tüchtig auf sie ein, und ein Ungeheuer nach dem anderen verblutete und sank tot zu Boden. Erst waren die Tiere voller Angriffslust, dann fürchteten sie sich vor seinem Schwert und flohen. Aber Dieter war immer hinter ihnen her, schlug mit seinem Schwert wild um sich und jubelte hell auf in lauter Siegesfreude. In einer Ecke jedoch sah er ein Krokodil schwimmen, das sich nicht um ihn kümmerte. Vor dem Krokodil sah er Doktor Klein Hand in Hand mit seiner Schwester schwimmen. Ängstlich versuchten die beiden, dem Ungeheuer zu entkommen, doch immer weiter näherte sich das Tier den beiden. Dieter vergaß alle anderen Ungetüme und wagte sich in wilder Kampfeslust immer näher an das Krokodil heran. Schon hob er sein Schwert um es zu erschlagen, da schlug auch schon das Krokodil mit dem Schwanz zu und traf ihn so heftig, dass Dieter aus dem Wassertropfen hinausgeschleudert wurde.

Dieter rieb sich verwundert die Augen, er war im Traum aus dem Bett gefallen, und das ganze Bettzeug lag am Boden. Der Kampf mit dem Ungeheuer hatte Spuren hinterlassen. Da es bereits hell wurde, zog er sich an, brachte sein Bett wieder in Ordnung, nahm schweigend und nachdenklich sein Frühstück ein. Danach ging er zum Spielen in den Garten.

Die Mutter sagte daraufhin zum Vater: »Der Dieter hat wieder irgendwas vor, er sieht so verändert aus.«

Aber der Vater erwiderte: »Alles nur Kindskram!« Und damit war für ihn die Sache erledigt.

Auch Traute beeilte sich mit dem Frühstück. Dieter wartete schon vor der Haustür auf sie und beide machten sich gleich auf den Weg zu Doktor Klein und dem Abenteuer im Wassertropfen.

»Hast du eigentlich Angst?«, fragte Traute.

»Angst?, wovor denn?«

»Ich habe auch keine Angst«, meinte sie, wobei ihre Stimme leicht zitterte.

Doktor Klein empfing sie wieder sehr freundlich und sagte:

»Ich hatte schon angenommen, ihr würdet es euch anders überlegen. Aber nun seid ihr tatsächlich gekommen. Ich habe unser Vorhaben nochmals überdacht, es dürfte gefahrlos und wie geplant vonstatten gehen. Jetzt will ich euch noch erklären, wie wir drei in so einen Wassertropfen hineinkommen. Aber wie gelingt das? Nach jahrelangen Versuchen ist es mir nämlich gelungen, ein Getränk herzustellen, das uns dies ermöglicht; ich bezeichne es als ›Wunderwasser‹. Wenn wir davon eine genau bemessene Menge zu uns nehmen, werden wir so klein wie all die Lebewesen im Wassertropfen. Die Verkleinerung hält aber nur kurze Zeit an, dann dehnt sich unser Körper wieder, wir recken uns aus dem Wassertropfen heraus, wachsen und wachsen, bis wir wieder unsere normale Größe erreicht haben. Möchtet ihr nun mit mir dieses Wunderwasser schlucken?«

Traute zitterte am ganzen Körper und sah Dieter fragend an. Aber der schaute tapfer dem Doktor ins Gesicht und sagte nur: »Ja, ich will!« Traute zögerte noch eine Weile, dann antwortete auch sie mit »Ja!«

Nun holte der Doktor die Wunderwasserflasche sowie drei kleine Plastik-Messbecher aus seinem Küchenschrank. Während er einen Becher gegen das Licht hielt sagte er:

»Seht ihr die Strichmarken mit den Ziffern 1 bis 9 am Becherrand? Je größer die Menge des getrunkenen Wunderwassers ist, desto kleiner wird man. Heute wollen wir uns so sehr verkleinern, dass wir in einen Wassertropfen einsteigen können. Dafür werde ich jetzt von dem Wunderwasser soviel in jeden Becher einfüllen, bis es die Strichmarke 9 erreicht hat.«

Die Kinder beobachteten, wie der Doktor die Becher entsprechend auffüllte. Danach gab er einen Tropfen von dem Wasser, das aus einer kleinen Regenpfütze im Garten stammte, auf die Mitte der Tischplatte. Nun forderte er seine jungen Gäste auf, sich auf den Tisch zu stellen, und zwar direkt neben diesen Tropfen. Dann gesellte auch er sich zu ihnen und sagte:

»Wir müssen uns ganz dicht an diesem Wassertropfen verkleinern, sonst wäre es für Winzlinge – die wir danach sind – ein zu langer Weg zu ihm hin, wofür wir vielleicht einen ganzen Tag bräuchten. Während dieser Zeit wären wir längst wieder groß geworden. Aber nun trinkt bitte eure Becher ganz aus.«

Als Erster leerte der Doktor seinen Becher, dann schluckten auch Dieter und Traute die leicht salzig schmeckende Füssigkeit runter. Traute sagte: »Das schmeckt ja wie eingeschlafene Füße«, während es in ihren Gliedern seltsam kitzelte, sodass sie auflachen musste. Jetzt hatte sie keine Angst mehr. Auch Dieter verspürte jetzt ein Prickeln in seinem ganzen Körper. Als er den Doktor beobachtete, wie auch *der* plötzlich sein Gesicht zu einem lustigen Grinsen verzog, stimmte er in Trautes Gelächter ein.

Nun aber fing es an, immer unheimlicher zu werden. Keiner der drei hatte das Gefühl, dass *er* kleiner wurde, sondern dass alle Möbelstücke ringsum immer riesiger wurden. Alles vergrößerte sich so rasch, dass man die einzelnen Gegenstände nicht mehr als solche erkennen konnte. Auch die Tischplatte wurde immer riesiger, ihr Rand verschwand im Nichts. Dabei stellten die drei zu ihrem Erstaunen fest, dass die Tischplatte gar nicht so glatt war, wie sie ihnen vorher erschien. Jetzt war sie voller Risse und Unebenheiten. Letztere wuchsen nach und nach zu kleinen Hügeln an, und schließlich befanden sich die drei zwischen Bergen und tiefen Tälern. Endlich fand das Kleinerwerden ein Ende, das Prickeln im Körper hörte auf. Der Doktor, Dieter und Traute standen nun in einer Schlucht, mitten auf der Tischplatte.

Alles erschien ihnen höchst seltsam und reizvoll. Traute ließ sich auf einer Unebenheit nieder und betrachtete erstaunt das Gebirge ringsum. Auch Dieter konnte sich von dem Anblick nicht losreißen, aber der Doktor hatte es eilig.

»Kinder, wir dürfen uns nicht zu lange beim Anblick dieser Landschaft aufhalten, denn es steht uns nur wenig Zeit zur Verfügung. Schon bald werden wir wieder wachsen und hätten dann das Wichtigste noch nicht gesehen. Wir wollen jetzt in den Wassertropfen hineingehen.«

»Wo ist denn der?«, fragte Traute. Der Doktor wies mit der Hand in die Ferne: »Siehst du dort hinten die grosse Glaswand? Das ist er! Kommt, kommt, wir müssen so schnell wie möglich hin.«

Durch eine Schlucht, über Stufen und an einem Abgrund entlang näherten sie sich der sonderbaren Glaswand. Der Doktor voran, Traute in der Mitte und als letzter Dieter, der seiner Schwester beim Klettern half. Der Weg war sehr beschwerlich. Traute stöhnte vor Anstrengung und sagte:

»Lieber Doktor Klein, sollten wir jemals wieder den Wassertropfen aufsuchen, dann lass aber vorher die Tischplatte glatt hobeln, damit wir nicht so viel klettern müssen.«

Der Doktor lachte und meinte: »So glatt kann kein Schreiner eine Tischplatte hobeln, wie du es als Winzling gerne hättest. Was für einen normal großen Menschen eine spiegelglatte Fläche ist, erscheint uns als Gebirge, solange wir noch so winzig sind.«

Noch einmal mussten die drei über einen Felsen klettern

dann standen sie vor einer riesigen Glaswand, die sich weit oben wie eine Kugel wölbte. Dieter wollte wissen, warum denn die Wasserwand nicht zusammenstürze. Der Doktor erklärte:

»Das Wasser hat eine sehr feine Haut. Das kannst du nachher selbst ausprobieren. Wenn du eine Stecknadel ganz vorsichtig auf eine Wasserfläche legst, dann schwimmt sie darauf. Man bezeichnet das als ›Oberflächenspannung‹. Wenn aber die zarte Haut verletzt wird, geht die Stecknadel unter. Gleich danach bildet sich erneut eine feine Haut. Und diese stellt sich hier für uns als eine dicke Glasschicht dar. Und da müssen wir hindurch.«

Der Doktor hämmerte und drückte so lange an der Glasschicht herum, bis er durch sie hineinsteigen konnte. Dieter und Traute machten es ihm nach. Sofort bildete sich hinter ihnen eine neue Glasschicht.

Endlich waren alle drei im Wassertropfen angelangt. Und die Wunder, die sie nun erblickten, ließen sie immer wieder erstaunen. Hatten sie je so etwas vermutet? Oder war das alles bloß ein Traum? Große gläserne Röhren zogen sich durch das Wasser. Sie bestanden aus einzelnen Stücken wie aus einzelnen Abschnitten. Die riesigen Glasschläuche gingen wirr durcheinander und erfüllten nahezu das ganze Wasser. Da sie durchsichtig waren, konnte man sehen, wie sich im Innern der Röhren ein grünes Band schlängelte. Diese spiralförmigen Bänder in sämtlichen Röhren verliehen der ganzen Wasserwelt ein farbiges Aussehen. Was das denn für Tiere seien, fragte Dieter.

Der Doktor erklärte wieder:

»Die Glasröhren, die ihr hier seht, mit den grünen Spiralbändern im Innern, sind keine Tiere, sondern mikroskopisch kleine Pflanzen, sogenannte Grünalgen. Wenn viele solcherAlgen im Wasser schwimmen, dann erscheint es grün.

Dabei sind nicht die Algen grün, sondern nur deren Spiralbänder. Sehen diese Pflanzen nicht bezaubernd aus? Können indische Urwälder schöner sein?«

Dieter dachte gar nicht mehr an Indien, und Traute meinte, dass es nirgends etwas Schöneres als das hier geben könne.

Viele Tiere huschten durch diese grüne Welt. Am häufigsten wurde ein durchsichtiges Tier gesehen. So schnell huschte es durch das Wasser, dass sich seine Form kaum erkennen ließ. Traute glaubte einen Körper zu sehen, der einem Hausschuh ähnelte. Der Doktor klärte sie auf, dass es ein *Pantoffeltierchen* sei.

»Wovon leben denn diese Tiere?«, erkundigte sich Dieter.

Der Doktor wusste auch hierauf eine Antwort:

»Alles Mögliche frisst so ein Pantoffeltierchen. Kleine Algen nimmt es gern zu sich, es frisst aber auch noch kleinere Kreaturen, die man sogar unter dem Mikroskop nur selten entdeckt.«

»Und was sind das für Wesen, die noch kleiner sind?«, fragte Dieter weiter.

»Dem Namen nach kennst du die Bösewichte«, sagte der Doktor, »es sind nämlich die Krankheitserreger, also Bakterien und Bazillen. Die Wissenschaft ordnet solche Lebewesen zu den Pflanzen ein. Da, sieh mal, die kleine Anhäufung von Stäben, das sind Bakterien. Ein Glück, dass unser gutes Pantoffeltierchen solche Bösewichte frisst. Da kann man nur sagen: ›Guten Appetit!‹

Jetzt kreiste unweit von ihnen ein Pantoffeltierchen herum. Dessen ganzer Körper war mit Flimmerhärchen bedeckt und an beiden Enden befanden sich zwei Bläschen. Da sein Körper durchsichtig war, konnten sie seine inneren Organe beobachten. Wenn die eine Blase groß und vollgepumpt war, wurde die Blase am anderen Körperende leer und klein. So pumpte es ständig wechselseitig im Körper dieses Lebewesens.

Nun sah Traute auf einer Alge ein komisches Tier entlang kriechen. Wie eine Schildkröte kroch das Wesen auf der Röhre entlang. Der Panzer war rotbraun, die Füße unter dem Panzer aber waren nackt und schleimig.

Der Doktor erklärte wieder:

»*Uhrglastierchen* nennt man dieses Wesen. Seine Füße sind formlos und können sich in ihrer Gestalt ständig ändern. Der Panzer aber schützt das kleine schleimige Tier. Seht mal, dort, das arme Schlammtier hat keinen natürlichen Panzer. Es musste sich darum selbst einen machen. *Sandhäuschen* nennen die Biologen diese Kreatur.«

Und richtig, statt des Panzers bedeckten kleine felsenartige Brocken den nackten, schwammigen Körper. Durch die Schleimmasse waren die einzelnen Felsbrocken miteinander verklebt. Nur unten waren die Füße nackt. Aber es gab noch weitere Wunder zu sehen. Wie Gurken aussehend schwirrten grüne Tierchen durch das Wasser. An dem einen Ende hatten sie eine lange Peitsche, womit sie im Wasser herumwirbelten. Es sah aus wie eine sich drehende Schiffsschraube. Wegen dieser Peitsche, erklärte der Doktor, bezeichne man sie als *Geißeltierchen*. Sehr unterschiedlich und mannigfaltig war deren Aussehen. Einige besaßen um ihre Geißel einen hohen, durchsichtigen Kragen. Sie heißen deshalb *Kragengeißler*. Andere hatten einen roten Fleck auf dem Körper. Der Doktor erklärte, der rote Fleck sei das Auge der Geißeltierchen. Zwar könnten sie mit dem roten Fleck nicht so gut sehen wie wir mit unseren Augen, aber was hell und dunkel sei, könnten die Tiere schon wahrnehmen.

Immer wieder entdeckten Dieter und Traute neue, ganz sonderbare Tierarten. Da kroch ein Wesen auf ungefähr acht

Stachelbeinen an einer Alge abwärts. »Wie eine große Laus«, rief Traute voller Ekel, und der Doktor antwortete:

»Richtig, wie eine Laus, darum bezeichnet man diese Lebewesen auch als *Laustiere*. Aber die Tiere dort drüben sehen viel schöner aus.« Dieter und Traute folgten dem Zeigefinger des Doktors und erblickten eine Alge, auf der riesige Tulpen wuchsen. Sie erfuhren, dass auch d a s Tiere seien, nämlich *Glockentierchen*. Der Doktor führte seinen Stab nahe an diese Tierchen heran, die sich sogleich zurückzogen und dabei ihre Stängel einrollten. Als Dieter sie mit dem Finger piekste, lösten sie sich von der Alge und schwammen davon.

Das Schönste aber hatten die drei noch nicht gesehen. Durch das Wasser schwamm ein Lebewesen, das in einem kugelrunden Skelettpanzer steckte. Dieser war so fein gearbeitet, dass die Verzierungen darauf noch wunderbarer erschienen als alles, was man bisher gesehen hatte. Von dem Panzer stießen lange Nadeln strahlenförmig nach allen Seiten, wie die Strahlen der Sonne. *Sonnentierchen* nennt man es daher.

Plötzlich schrie Traute gellend auf. Ein schleimiger, nackter Klumpen kroch auf sie zu. Der Doktor wollte noch warnen und sagte: »Vorsicht, Traute, das ist ein *Wechseltierchen*. Man nennt es so, weil dieser formlose Schleimklumpen gar keine bleibende Gestalt hat, sondern sie ständig verändern kann.«

Aber der Doktor hatte den Satz noch nicht beendet, als der Schleimklumpen bereits Trautes Fuß umzingelte. Erneut schrie Traute, von Ekel erfüllt. *Jetzt oder nie*, dachte Dieter, *jetzt kannst du dich mal als Held zeigen*. Er riss dem Doktor den Stab aus der Hand und hieb so kräftig auf das Wechseltier ein, dass sich das schleimige Wesen in zwei Hälften spaltete. Siegesbewusst glaubte Dieter schon, er habe das Tier getötet, aber der Doktor klärte ihn auf: »So leicht sterben die Wechseltierchen nicht. Sie haben keinen Mund und keine Füße. Wenn sie dahinkriechen, umschlingen sie alles mit ihrer schleimigen Masse, und was sie umhüllt haben, haben sie gefressen. Wenn man sie teilt, sodass das Wechseltierchen aus zwei Hälften besteht, dann hat das Wechseltier aufgehört, nur *ein* Tier zu sein – es sind dann *zwei* daraus geworden.«

Und richtig, die eine Hälfte des Tieres hielt immer noch Trautes Fuß umschlungen, und jetzt kroch auch der andere Teil heran und wollte sich über Traute hermachen. Immer ängstlicher wurde das Mädchen, und immer lauter schrie es um Hilfe. Der Doktor war jetzt ratlos, und Dieter schlug, so heftig er konnte, auf die Wechseltiere ein, sodass die Schlammmasse hoch aufspritzte. Aber es nütze nichts, die beiden Gegner wollten nicht von Trautes Fuß ablassen.

Da durchfuhr plötzlich alle drei wieder das schon bekannte Kribbeln, dabei wurden sie immer größer und nahmen allmählich den ganzen Wassertropfen ein. Dann durchbrachen sie ihn und wuchsen immer weiter. Die Tischplatte erschien ihnen wieder als eine glatte Fläche. Alle drei hatten jetzt wieder die volle Körpergröße erreicht und sprangen vom Tisch hinab. Sie waren erleichtert, gerade noch dem gefräßigen Wechseltierchen entkommen zu sein. Als sie dann die kleine Wasserlache auf dem Tisch erblickten, konnten sie es kaum fassen, noch kurz zuvor darin gewesen zu sein.

Noch lange hatten sie sich von ihren Erlebnissen zu erzählen, und als der Doktor mit zugekniffenen Augen fragte: »Na, Kinder, habt ihr es bereut, von meinem Wunderwasser getrunken zu haben?« Da antworteten Dieter und Traute fast einstimmig: »Nein, überhaupt nicht, es war ganz toll!«

Und Dieter fügte noch etwas hinzu:

»Lieber Herr Doktor Klein. Trautes Gefährdung durch das Wechseltierchen war wirklich sehenswert. Und weil Du uns beide so wundervoll verkleinert hast, werde ich dich in Zukunft nur noch mit *Doktor Kleinermacher* oder einfach mit *Doktor* anreden. Ich hoffe, dass du damit einverstanden bist.«

»Na klar, nennt mich nur so, denn das bleibt ja unter uns und ich freue mich über diesen ehrenvollen Titel.«

Doktor Kleinermacher – so heißt er ab jetzt auch in diesem Buch – begleitete die Kinder noch an die Tür und rief ihnen hinterher:

»Kommt bald wieder! Ich habe noch eine weitere Überraschung für euch!«

3

ERLEBNISSE IM BIENENKORB

Es vergingen etliche Tage, bevor die Kinder wieder etwas vom Doktor Kleinermacher hörten. Tapfer hielt Traute allen Versuchungen stand, jemandem von ihren Aben-teuern mit ihm zu erzählen, und auch Dieter verlor kein Wort darüber. Umso mehr hatten sich die Geschwister selbst zu erzählen. Traute wagte es anfangs nicht, auch nur einen Tropfen Wasser zu trinken, da es ihr um die darin befindlichen Lebewesen leid tat. Aber Dieter klärte sie auf. So viel hatte er schon von Doktor Kleinermacher erfahren, dass sich im Leitungswasser keine lebenden Organismen befänden, im Gegensatz zum Wasser in der freien Natur. Selbst wenn man davon nur einen Tropfen unter das Mikroskop legte, würde man staunen über das, was man da zu sehen bekäme.

So verliefen die Gespräche der Kinder einige Tage lang, ohne dass der Doktor etwas von sich hören ließ. Bedauerte er es etwa, Kinder in sein Geheimnis eingeweiht zu haben? Oder sei er besorgt, dass die beiden ihn verraten könnten? Aber er hatte doch fest versprochen, Dieter und Traute zu einem neuen Abenteuer einzuladen.

Dieter hielt die Ungewissheit nicht mehr aus und suchte schließlich Doktor Kleinermacher auf. Freudestrahlend kehrte er wieder heim, um seine Schwester abzuholen.

»Es ist so weit, Traute, wir werden ein neues Abenteuer erleben. Der Doktor musste nur noch einige Vorbereitungen treffen, und damit ist er jetzt fertig. Wir beide dürfen wieder dabei sein. Komm, beeile dich!«

Sie suchten jetzt nicht das Haus des Doktors auf, sondern ein am Stadtrand gelegenes Bauerngehöft. Ein Landwirt, der zugleich Imker war, war der Besitzer des Anwesens, in dessen Garten sie dann auch den Doktor Kleinermacher vorfanden.

»Guten Tag, Kinder«, sagte der Doktor, »ich habe alles gut vorbereitet, jetzt kann es losgehen. Aber diesmal ist alles nicht so einfach wie beim Wassertropfen. Wir werden nämlich einen Bienenkorb aufsuchen und zusehen, wie die fleißigen Bienen den Honig herstellen.«

Traute klatschte vor Begeisterung in die Hände, und Dieter wollte sofort etwas von dem Wunderwasser schlucken. Aber der Doktor wehrte sie noch ab.

»Ihr macht euch die Sache zu leicht. Wenn es nach euch ginge, würden wir uns bereits hier unten verkleinern und müssten dann zusehen, wie wir auf den Bienenkorb hinaufkommen. Das wäre eine ganz schön anstrengende Kletterei, denn fliegen können wir leider nicht.«

Dieter meinte, man müsste halt neben dem Bienenkorb ein Brettergestell aufbauen.

»Gut«, sagte der Doktor, »aber inzwischen kommt der Imker, der ja von unserm Vorhaben nichts erfahren soll, und räumt das Brettergestell weg, während wir als Zwerge oben im Bienenkorb festsitzen. Wie sollen wir dann wieder hinunter gelangen? Ja, ja, Dieter, das alles ist gar nicht so einfach. Doch nun sollt ihr wissen, was ich vorhabe. Zunächst werden wir nur eine kleine Menge von dem Wunderwasser schlucken, denn wir wollen nicht so klein werden wie neulich im Wassertropfen, sondern nur etwa so groß wie Bienen. Dafür habe ich wieder die Messbecher mitgenommen, in die ich das Wunderwasser nur bis zur Strichmarke 5 einfülle.

Seht ihr die drei dort liegenden Bienen? Ich hatte sie

gefangen und betäubt. Auf die müssen wir uns als Winzlinge rittlings setzen, so wie Reiter auf ihre Pferde. Wenn sie wieder aufwachen, fliegen sie mit uns bis zum Bienenkorb. Aber noch ehe sie munter werden, müsst ihr mit den Händen durch ihr Fell streichen und eure Körper mit ihrem Duft einreiben. Bienen haben nämlich einen spitzen Stachel und töten jeden Fremdling, der in den Bienenkorb hinein will und nicht ihren Nestgeruch aufweist. Wenn ihr euch also gut eingerieben habt, werden sie euch nichts antun. Von dem Duft werdet ihr selbst kaum etwas wahrnehmen, denn ihr habt nicht so feine Nasen wie die Bienen. So, nun wisst ihr alles und es kann losgehen.«

Nun leerte jeder seinen Becher aus. Das Jucken undPrickeln, das jetzt durch ihre Körper lief, kannten die Kinder nun schon. Auch wussten sie, dass die heitere Stimmung, die sie ergriff, vom Genuss des Wunderwassers herrührte. Aber sie mussten doch wieder staunen, wie die Bäume und Sträucher immer größer wurden und wie das Gras über sie hinwegwuchs. Zwar standen sie auf einer sandigen Stelle, aber die hohen Gräser in einiger Entfernung kamen ihnen wie ungeheure, riesige Türme vor. Bald hörte das Größerwerden der Umge-bung auf und sie betrachteten nun den Erdboden, auf dem sie standen. Die Sandkörner lagen überall wie kopfgroße Steine herum, es war kein Genuss, einen derart holperigen Weg gehen zu müssen. Wie der Doktor angeordnet hatte, machten sich die Kinder auf die Suche nach den drei betäubten Bienen. Richtig, da lagen sie. Kaum hatte Traute ihre Biene erblickt, so schrak sie voller Widerwillen vor dem Ungetüm zurück. Dieter kämpfte alle Furcht tapfer nieder, aber Traute konnte sich dem Ungeheuer nicht nähern. Erst als der Doktor und Dieter schon auf ihren Bienen huckepack saßen, näherte auch sie sich schüchtern der riesigen Bestie, die

in der Tat furchterregend aussah. Die Haare, die uns sonst wie ein Samtfell erscheinen, wirkten in der Nähe wie ein struppiges Borstenkleid. Der Hinterleib bewegte sich selbst in der Betäubung auf und nieder, denn die Insekten atmen nicht durch den Mund, sondern durch viele Leibesöffnungen, die sich an der Seite des Körpers befinden. Die Flügel schienen aus Glas zu sein, und der Kopf hatte ein Paar Augen, die fast seine gesamte Oberfläche einnahmen. Aber Traute kämpfte allen Widerwillen nieder, ging schaudernd auf ihre Biene zu und setzte sich zwischen Brust und Hinterleib, direkt hinter den Flügeln auf das Untier. Dann tat sie das, was auch der Doktor und Dieter machten. Mit beiden Händen wühlte sie zwischen den Borsten der Biene und bestrich dann ihr Gesicht, ihre Arme, ihren Hals und dachte bei sich: ›Wenn ich deinen Geruch nicht habe, schreckliche Biene, dann töten mich deine Kumpane‹.

Kurz darauf bemerkte sie, wie Leben in die betäubte Biene kam. Erst bewegten sich die Fühler hin und her, dann fing das Tier mit seinen sechs Beinen an zu kriechen, dann wurden die Flügel probeweise in Bewegung gesetzt, sodass ein heftiger Wind um die Ohren der armen Traute sauste, was ihr fast die Sinne raubte. Krampfhaft hielt sie sich an den Borsten der Biene fest, und jetzt merkte sie auch, wie das Insekt in die Luft schoss. Zwar war der Flug ziemlich wackelig, denn die Biene flog zum erstenmal mit einem Passagier, was sie aber nicht bemerkte. Sie hatte aber nur ein Ziel, nämlich rasch den heimischen Bienenkorb zu erreichen.

Dieter ist zwar ein mutiger Junge, aber der Flug zum Bienenkorb kam ihm doch vor wie eine Reise ins Ungewisse. Nur der Doktor war Herr über eine Flugreise wie diese. Sein

Wissensdurst war zu gewaltig, als dass er sich etwas entgehen lassen wollte. So beobachtete er beim Besteigen seines ›Flugzeugs‹, dass seine Biene von Bienenläusen geplagt wurde. Das sind Tiere, die am Körper der Bienen schmarotzen und das Aussehen von Läusen haben. Zwar saugen die Bienenläuse kein Blut, sie suchen nur nach Nahrungsresten auf der Oberfläche des Körpers, aber zu viele Bienenläuse können der Biene doch unangenehm werden.

Auf dem Brettchen vor dem dunklen Flugloch des Bienenkorbes landeten die drei Bienen, und dann krochen sie nacheinander hindurch. Wie ein stolzer Spanier auf seinem Streitross, so ritt der Doktor voran in den düsteren Bienenkorb. Kaum waren sie alle darin, stiegen sie von den Reitbienen herab. Dabei kam Traute zu Fall. Sie stürzte so unglücklich, dass die Biene mit ihren Hinterbeinen über Traute hinweg stieg. Das Kind schrie angstvoll auf. Dieter und der Doktor eilten herbei, aber Traute war nichts passiert, nur der Schrecken steckte noch in ihren Gliedern. Sie jammerte, dass sie sich so sehr fürchte und lieber daheim geblieben wäre.

Der Doktor tröstete sie, so gut er es vermochte. »Sieh mal, Traute, die Tiere tun uns nichts, wir haben ja denselben Geruch wie sie. Nur Wesen mit fremdem Geruch greifen sie an. Dir geschieht wirklich nichts.«

Auch Dieter war es genauso zumute wie seiner Schwester. In dem dunklen Bienenkorb konnte er gar nichts erkennen. Nur dicht am Flugloch trat etwas Licht ins Dunkel, von dort drang zu ihm auch ein ständiges Gekrabbel und Rascheln. Dabei spürte er, wie ein warmer Luftstrom zum Flugloch hin wehte und wiederum etwas kühlere Luft von dort nach innen strömte. Wer hätte in dieser unheimlichen Umgebung wohl keine Angst?

Aber allmählich gewöhnten sich die Augen an das Dunkel, und langsam begann jeder in dem großen, düsteren Dom alles besser zu erkennen. Mit Erstaunen gewahrten sie, dass keine Biene von ihnen Notiz nahm. Alle krabbelten geschäftig an ihnen vorüber, ohne über die ungebetenen Gäste herzufallen, denn die besaßen ihren Nestgeruch.

Jetzt beruhigte sich auch Traute, und alle drei versuchten, die Dinge in dem großen Dom – also dem Bienenkorb – zu unterscheiden. Zuerst erblickten sie eine ungeheure Wand mit unzähligen sechsseitigen Öffnungen. Auf diesen Wabenöffnungen krabbelten so viele Bienen wirr durcheinander, dass Dieter zunächst weder System noch Ordnung erkennen konnte. Dann aber sah er, dass um eine größere Biene sich ein besonderer Kreis bildete. Die Biene in der Mitte war nicht nur größer, sondern auch schlanker und hatte gelbliche Hinterfüße, im Gegensatz zu den dunkleren Hinterfüßen aller anderen Bienen. Die größere Biene war zweifellos die Königin. Immer betätigten sich einige Arbeiterinnen um die Königin herum, fütterten sie und standen ihr in jeder Weise zu Diensten. Die Königin aber legte ständig Eier, wie am laufenden Band setzte sie ihre Eierproduktion fort. Ihren Hinterkörper senkte sie für einen Augenblick in eine Zelle, ließ ein Ei fallen, und dann kam die nächste Zelle an die Reihe.

Doktor Kleinermacher hatte den Kindern viel zu erklären:

»Ihr werdet jetzt feststellen, wie wenig wir über die Bienen wissen. So eine Königin lebt drei bis fünf Jahre. Fortlaufend legt sie Eier, es sind am Tage ungefähr fünfhundert; wenn sie sich aber anstrengt, schafft sie es sogar bis zu zweitausend Eiern. Das ist ihre einzige Aufgabe und zu diesem Geschöpf sagen wir ›Königin‹. Ich sage euch, sie ist eine Schwerarbeiterin. Aber nicht die Königin lenkt und regiert den Bienenstaat, sondern die unzähligen Arbeiterinnen. Schaut mal hin, da werden Eier in ziemlich kleine Zellen gelegt; das sind die befruchteten Eier. Legt die Königin ein unbefruchtetes Ei, dann wächst daraus eine männliche Biene heran, eine Drohne. Eine Arbeiterin ist allerdings ein verkümmertes Weibchen. Das echte Weibchen ist allein die Königin. Da oben seht ihr eine viel größere Zelle. Sie ist auch nicht sechseckig, sondern ragt weit hervor. Dahinein wird ein befruchtetes Ei gelegt. Die Made in der größeren Zelle erhält eine besondere Nahrung, und nach einiger Zeit hat sich eine neue Königin entwickelt. Ist das nicht sonderbar? Nur die Wiege ist geräumiger und größer, und die Nahrung ist besser und auserwählter, und schon wird aus dem gewöhnlichen Ei eine Königin. Das ist so eigenartig, dass ich mich immer wieder darüber wundere. Stellt euch mal vor, wie es wäre, wenn auch wir Menschen nur durch eine besondere Ernährung zu Arbeitern, Beamten oder Priestern gemacht würden.

Nun will ich euch auch erklären, was aus dem Ei einer gewöhnlichen Arbeiterin wird. Daraus kriecht nämlich bald eine kleine Larve heraus, die wie eine Made aussieht. Diese wird von den Bienen mit Honig und Blütenstaub gefüttert, und nach einiger Zeit verpuppt sich die Larve und wird eine bleiche, scheinbar leblose Mumie. Jetzt schließen die Bienen die kleine Zelle, damit die Puppe sich ungestört zu einer Biene entwickeln kann. Da, schaut mal hin, dort will gerade aus einer eine Puppe eine Biene werden!«

Dieter und Traute sahen aus einer Zelle eine bleiche, farblose Biene kriechen. Die Neugeborene war nicht kleiner als die anderen Bienen. Sie war aber noch unbeholfen, und sofort kamen hilfsbereite Bienen hinzu, halfen der Neuen, sich aus der Zelle zu befreien, und entfernten die letzten Schalen und Reste der Puppenhülle. So besorgt waren die Helferbienen um die Neugeborene.

Die junge Biene durfte noch nicht gleich den Bau verlassen, sondern musste im Bienenkorb bleiben. Die blassen Bienen können die Sonnenstrahlen noch nicht vertragen. Aber es gab auch genug Arbeit für die Bienenjugend. Dieter und Traute sahen, wie junge Bienen eine Kette bildeten bis zur Öffnung des großen Bienenkorbes. Dann schlug die Bienenreihe im Takte die Flügel und sorgte so für die Lüftung des Baues. Die jungen Bienen übernahmen die Aufgabe von Ventilatoren. Frische Luft soll in den Bau hineinkommen, damit die Bienen besser atmen können. Auch muss der Honig in den Zellen dickflüssiger werden, er muss eindampfen, und das kann er nur, wenn die Luft immer wieder erneuert wird.

Andere junge Bienen übernahmen das Aufräumen im Bau. Sie hatten gewissermaßen Stubendienst, denn Bienen achten sehr auf Sauberkeit. Aber die männlichen Bienen, die Drohnen, sind bei weitem nicht so sauber, und so müssen die jungen Hausmädchen ständig saubermachen. Ist der Schmutz gar zu viel, dass er nicht hinausgeschafft werden kann, dann breiten sie Wachs und Bienenkitt über den Schandfleck, und der Unrat ist somit luftdicht abgeschlossen. Die alternden Arbeiterinnen sterben im Freien, verlassen von all ihren Kolleginnen, denn mit ihrer Leiche wollen sie nicht den Bau verunreinigen. Aber das sind noch längst nicht alle Aufgaben für die jungen Bienen. Andere drückten aus den Ringen ihres Hinterleibes Wachsplatten heraus und bauten mit diesem Wachs die sechsseitigen Zellen. In ihren Leibern formen sie Wachsplatten zum Wabenbau.

Jetzt beobachteten Dieter und Traute eine junge Biene, die zum erstenmal einen Flugversuch unternahm. Ihre bleiche

Farbe hatte sie verloren. Lange probierte sie ihre Flügel vor dem Flugloch, dann startete sie in die unbekannte, neue Welt. Aber die junge Biene flog nicht davon, sondern blieb immer fliegend in der Nähe des Flugloches, den Kopf stets dem Flugloch zugewandt. Erst als sie sich lange genug den äußeren Eingang des Bienenkorbes eingeprägt hatte, flog sie davon.

Jetzt wandten sich Dieter und Traute wieder dem Innern des Honigdomes zu. Vieles hätten sie gar nicht verstanden, wenn der Doktor es ihnen nicht erklärt hätte. Nicht alle Zellen dienten der Aufzucht der jungen Brut. Die meisten Zellen waren Vorratskammern für Honig und für Blütenstaub. Die fleißigen Arbeiterinnen müssen nämlich nicht nur für sich, für die Brut und für die Königin Honig sammeln, sie müssen auch Vorrat für den langen Winter anlegen und außerdem noch die faulen Drohnen ernähren. Den meisten Honig aber stiehlt ihnen der Mensch.

Aus den Blüten saugen die Bienen den flüssigen Nektar. Nektar ist aber noch lange kein Honig. Der Nektar der Blüten muss erst in den Honigmagen der Bienen wandern. Dort wird er tüchtig umgewandelt. Er verliert viel Wasser, und aus dem Zucker des Nektars wird der Zucker des Honigs. Aus dem Magen kommt der Honig endlich in die Wachszellen. Aber noch lange ist der Honig nicht fertig. Immer noch muss er Wasser verlieren und verdunsten. Daher bemühen sich auch die jungen Bienen, mit ihren Flügel-Ventilatoren die Luft zu erneuern. Zum Schluss sticht die Biene in den Honig hinein und fügt dem süßen Saft einen Tropfen *Ameisensäure* hinzu. Ameisensäure befindet sich nämlich in dem Giftstachel der Bienen. Die Chemiker bezeichnen diesen Stoff so, weil die Ameisen den gleichen Giftstoff haben. Mit diesem ›Gift‹ versehen hält sich der Honig länger. Auf die Wabe kommt nun ein Deckel aus Wachs, und der Honig ist fertig. Die Bienen leben aber nicht nur vom Honig. Sie verlangen auch nach *Bienenbrot*, und das besteht aus Blütenstaub, den *Pollen*. Dieter und Traute beobachteten die fleißigen Arbeiterin-nen, die von einem langen Flug zurückkehrten. An deren Bei-nen hafteten ganze Kugeln aus Blütenstaub, es sah so aus, als hätten sie gelbe Hosen an.

Nektar und Blütenstaub, das ist noch nicht alles, was die Bienen sammeln. Das Wachs bereiten sie in ihrem eigenen Körper, den Bienenkitt aber sammeln sie von den harzigen, klebrigen Knospen der Bäume. Mit Bienenkitt verstopfen sie dann die Ritzen und Schäden ihres Baues.

Nicht immer finden die Bienen im Freien Honigblüten und Nektar. Dieter hatte schon früher beobachtet, dass die Blätter mancher Bäume mit einer durchsichtigen, klebrigen Masse überzogen waren. Der Doktor hatte ihm erklärt, dass Blattläuse diesen klebrigen Zuckerguss erzeugen, auf den besonders die Ameisen scharf sind. Aber auch die Bienen saugen diesen ›Honigtau‹ auf und verarbeiten ihn zu echtem Honig. Nur soll dieser Honig bei weitem nicht so gut sein wie der Blütenhonig.

Drei bis fünf Jahre alt wird die Königin, Arbeiterinnen aber nur sechs bis acht Wochen. Sie arbeiten sich buchstäblich zu Tode. Dauernd sind sie unterwegs, um Honig und Blütenstaub zu sammeln. Dabei werden die zarten Flügel immer mehr beschädigt, bis sie schließlich zu dünnen Streifen ausfransen. Noch kann die Arbeiterin auf ihrem letzten Fluge die Blüte erreichen; mit Honig und Blütenstaub beladen, kann sie sich aber nicht wieder erheben, und sie bleibt draußen und erwartet in der kühlen Nacht ihren Tod. Manchmal erscheint auch der *Bienenwolf*, eine Wespenart, und überfällt die sammelnde Arbei-terin, betäubt sie und schleppt seine Beute zu seiner Brut, um diese damit ernähren.

Dieter und Traute bekamen ständig etwas Interessantes zu sehen und hörten angespannt auf die Erklärungen des Doktor Kleinermacher. Aber was war denn jetzt los?

Der ganze Bau befand sich in großer Aufregung. Die Bienen summten nervös, verließen ihre Arbeit und krabbelten orientierungslos und wirr durcheinander. Irgendein großes Ereignis kündigte sich an. Hatten die Bienen die drei Menschen entdeckt und wollten nun den Bau alarmieren, um die drei Eindringlinge hinauszuwerfen?

Traute und Dieter bangten um ihr Leben, doch der Doktor lächelte nur. Er kannte die Ursache und wusste, dass ihnen keine Gefahr drohte. Jetzt rannte auch die Königin aufgeregt hin und her. Immer wieder stieß sie einen Laut aus, der ungefähr wie *tü-tü* klang. Aus einer Königinnenwiege antwortete es hinter dem Wachsdeckel *qua-qua*. Das war für die Königin genug. Wütend wollte sie sich auf die Königinwiege stürzen. Sie hatte selbst ihrer Thronfolgerin das Leben gegeben, nun war die Kronprinzessin in der Wiege fertig und wollte die alte Dame vom Thron stürzen. Zornig lief die Königin auf die große Zelle zu, um den Deckel abzureißen, die junge Königin herauszuzerren und totzustechen. Aber die Arbeiterinnen duldeten keinen Königinnenmord. Schützend stellten sie sich mit ihren Leibern vor die königliche Wiege und wehrten die noch regierende Majestät ab.

Revolution im Bienenkorb! Die sonst so willigen Untertanen verweigern den Gehorsam! Die Königin soll nicht uneingeschränkt herrschen können! Es ist also an der Zeit, den aus den Fugen geratenen Staat zu verlassen. Die Königin drängte zum Ausgang, dem sie sich seit Monaten nicht mehr genähert hatte, und ihre Augen, die bisher nur ans Halbdunkel gewöhnt waren, setzte sie jetzt der prallen Sonne aus. Sie ging nicht allein, die Königin. Hunderte von Untertanen schlossen sich ihr an und versuchten mit ihr die Reise in das Unbekannte; irgendwo würden wohl sie eine neue Heimat finden.

Von dem Strom der zum Ausgang drängenden Bienen wurden die drei Abenteurer mitgerissen, und es blieb ihnen nichts anderes übrig, als sich von den Tieren treiben zu lassen. Der Doktor setzte sich kurzentschlossen auf eine Biene und benutzte das Insekt wieder als Reittier. Er rief den Kindern zu, das gleiche zu tun, denn wenn sie von den Bienen zum Abgrund gedrängt wurden, dann stürzten sie sicher zu Tode.

Kaum hatten die drei die Bienenrücken eingenommen, so ging auch schon die Reise in die klare Luft los. Zu Hunderten schwärmten die Bienen umher, immer hinter ihrer vom Thron gestürzten Königin. Der Schwarm der Bienen wallte auf und nieder, Traute hielt sich ängstlich fest, um nicht bei der wilden Reise über Bäume und Sträucher das Gleichgewicht zu verlieren. Dabei umgab sie das Gebrumme und Gesumme der vielen hundert Bienen. Aus Angst schloss das Mädchen beide Augen. Dieter aber wollte sich die sonderbare Welt von oben ansehen und hielt die Augen tapfer auf, obgleich auch ihn die Angst so packte, dass er zitterte. Nur beim Doktor schien die Wissbegier über jegliche Angst zu siegen.

Endlich kam der aufgeregte Bienenschwarm zur Ruhe. Die Königin hatte sich auf einem Ast niedergelassen, und alle Bienen klammerten sich in langem Schlauch an ihre Königin. Endlich – endlich war die ungewöhnliche Reise beendet. Da die Bienen sich zusammendrängten, berieten die drei, wie sie ungefährdet ihren unbequemen Sitzplatz verlassen konnten. Sich einfach herabfallen zu lassen, hätte ihr sicheres Ende bedeutet. Ein Sturz von der schwindligen Höhe wäre Wahnsinn gewesen, so meinten sie. Zum Glück hatten sich ihre Reittiere nicht weit vom Ast niedergelassen. Mit Grauen dachten die drei daran, was geschehen wäre, wenn *ihre* Bienen sich weitab vom Ast und tief innerhalb des Bienenschwarms niedergelassen hätten. So aber konnten sie den Ast mit einiger Mühe erreichen. Nur musste Dieter der Traute beim Klettern über die Bienenleiber behilflich sein. Endlich waren sie am Ast angelangt und wollten sich gerade etwas ausruhen, als wieder das bekannte Prickeln und Zucken im Körper einsetzte.

»Aha, wir werden größer«, rief der Doktor, »nun seid recht vorsichtig, Kinder! Richtet eure Körperstellung so ein, dass ihr beim Wachsen mit gespreizten Beinen über dem Ast sitzt. In einer anderen Stellung könntet ihr hinunter fallen.«

Die Kinder taten, was ihnen der Doktor riet, und richtig, als sie wieder die Normalgröße hatten, saßen sie mit gespreizten Beinen auf einem Ast, und dicht unter ihnen klammerten sich die Bienen zu einem großen Schwarmbeutel zusammen.

Noch hatten sich die Kinder nicht an den neuen Anblick gewöhnt, als vom Gartentor her die Stimme des Imkers schallte:

»Was muss ich sehen, meine Bienen haben geschwärmt! Ich muss sie schnell einfangen! Und was macht ihr da oben auf dem Baum? Habt nur keine Angst, die Bienen tun euch bestimmt nichts.«

Er stellte eine Leiter an den Baum, und die drei kletterten hinab. Aber sie scheuten sich, dem Imker von ihren wunderbaren Erlebnissen zu berichten, sondern wünschten ihm noch einen *Guten Tag* und gingen vergnügt nach Hause.

4

DIE BIENENHOCHZEIT

Diesmal brauchten die Kinder nicht lange auf ein neues Abenteuer zu warten, denn bereits am nächsten Tag begegnete ihnen der Doktor auf dem Heimweg von der Schule.

»Hallo ihr beiden, wann habt ihr wieder Zeit?«, fragte er. »Wir haben ja nur die eine Hälfte im Bienenkorb gesehen. Wir müssen nochmals hinein, denn die Hauptsache haben wir ja gar nicht mitbekommen. Leider hat uns der Bienenschwarm gestern hinausgedrängt. Wollen wir nochmals die Imkerei aufsuchen?«

Die Kinder stimmten freudig zu, denn auch Traute hatte inzwischen keine Angst mehr vor irgendwelchen Gefahren und verspürte die gleiche Abenteuerlust wie Dieter. Der konnte es aber nicht unterlassen, den Doktor zu fragen, was aus ihnen geworden wäre, wenn das Größerwerden sie nicht draußen, sondern drinnen im Bienenkorb überrascht hätte.

Der Doktor erklärte: »Daran habe ich natürlich gedacht. Deshalb hielt ich mich ja auch immer in der Nähe des Fluglochs auf. Sobald das Prickeln in meinem Körper losgegangen wäre, hätte ich euch zugerufen, euch umgehend auf die nächste, hinausfliegende Biene zu setzen. Nein, im Innern des Bienenstockes durften wir keinesfalls wachsen. Erstens hätten wir den Bienenkorb auseinandergerissen, und zweitens hätten wir derart viele Bienenstiche abbekommen, dass wir kaum mit dem Leben davongekommen wären. Es ist aber alles ganz anders gekommen, wie ihr ja gesehen habt. Für heute muss ich euch aber sagen: Wenn ihr im Bienenkorb das Prickeln fühlt, dann sofort hinaus, gar nicht erst mein Zeichen abwarten!«

Traute fand es beruhigend, dass der Doktor so fürsorglich an alles dachte, damit niemand Schaden nähme. Mit diesem Mann konnte man alles unternehmen, nichts Schlimmes würde einem da geschehen. Aber es sollte doch anders ablaufen, als sich der Doktor das Ende dieses Abenteuers vorgestellt hatte. Er hatte seinen Plan zwar gründlich ausgearbeitet, und dennoch konnte er ihn nicht verwirklichen.

Vergnügt suchten die drei wieder die Imkerei auf. Unterwegs stellten Dieter und Traute viele Fragen, die der Doktor immer gleich beantworten konnte. Dieter erinnerte den Doktor daran, dass er gesagt habe, die Königin sei eigentlich gar keine Königin, sondern eine Schwerarbeiterin. Bei dem Ausschwärmen habe sich aber alles um die Königin gedreht, und jeder habe den Vorgang wie eine Palastrevolution erlebt. Warum sollte da die Bezeichnung ›Königin‹ nicht passend sein?

Der Doktor antwortete: »Die Königin legt immerzu Eier, immerzu. Um die Ordnung des Staates, um die Verteilung der Arbeit und um die Nachkommenschaft kümmert sie sich gar nicht. Dagegen sorgen sich die fleißigen Arbeiterinnen um alles, was in dem Staate vorgeht. Zwar wird die *Königin* gehätschelt und gefüttert, aber man dient ihr nicht wie einer Majestät, sondern behütet sie wie ein kostbares Staatsgut. Viele Imker legen weniger Wert auf Honig als auf das Heranzüchten von guten Königinnen. Sie verkaufen die aufgezogenen Königinnen und versenden sie in die ganze Welt. *Weiselzucht* nennt man einen solchen Betrieb, weil die Königin auch als *Weisel* bezeichnet wird. Nun kann der Händler nie eine Königin isoliert versenden. Immer gibt er ihr eine große Anzahl an Arbeiterinnen mit, die sie naturgerecht versorgen. Wird auf der

44

Reise die Nahrung knapp, dann hungern lieber die Arbeiterinnen, als dass sie ihrer Königin zumuten, Not zu leiden. Manchmal kommt der Käfig mit der lebenden Königin und den toten, verhungerten Arbeiterinnen beim Empfänger an. Aber diesen Opfertod hat die Königin nicht befohlen. Es ist der freie Beschluss, oder besser, der unstillbare Drang der Arbeiterinnen, das Letzte für die Königin hinzugeben, denn als einzige Eierlegerin ist sie wertvoller als eine Arbeiterin, deren es ja so viele gibt. Ein Mensch kann sich nie davon ganz frei machen, zuerst an sich zu denken. Er hat Angst um seine Person und verzichtet nicht auf kleine selbstsüchtige Vorteile, selbst wenn die Gemeinschaft der Menschen daran Schaden nimmt. Die Biene aber denkt nie an sich, sondern immer nur an die große Gemeinschaft. Naht ein Feind, dann sticht sie ihn tot, um den Staat zu retten. Und dabei geht sie zugrunde. Denn der Giftstachel hat viele Widerhaken. Der Stich in fremdes Fleisch gelingt sehr gut, aber die arme Biene kann den Stachel nicht mehr herausziehen. Sie zerrt und zerrt, und dabei zerreißen die inneren Organe ihres Hinterleibs, woran sie schließlich stirbt. Der große Bienenstaat kann auf einzelne, tote Bienen gut verzichten.«

Dieter wusste das alles zu würdigen, und er fand auch Worte der Anerkennung und des Staunens, aber bald stellte er die Frage: »Warum können nur die Arbeiterinnen stechen, die Drohnen aber nicht?«

Der Doktor sagte dazu:

»Ich werde auf deine Frage gleich zurückkommen. Aber mit der Königin bin ich noch nicht ganz fertig. Das will ich zuerst mal erledigen. Wenn die alte Königin schwärmen will, so wie wir es als Zwerge erlebt haben, dann sind zuerst die Arbeiterinnen am aufgeregtesten. Wenn die Königin ihre junge

45

Nebenbuhlerin töten will, dann verhindern die Arbeiterinnen den Mord. Sie würden ihn jedoch zulassen, wenn das Bienenvolk so schwach wäre, dass ein Schwarm den Bienenstaat zu sehr verkleinern würde. Die Arbeiterinnen übersehen alles, geben in solchen Fällen den Weg frei und verwehren der alten Königin den Königinnenmord. Zum Schwärmen scheinen die Arbeiterinnen die Königin geradezu zu drängen. Kann man nach allem noch von einer *regierenden Königin* sprechen?

Noch erstaunlicher sind die Vorbereitungen zur Hochzeitsreise der Königin. Wieder sind die Arbeiterinnen am aufgeregtesten, die armen verkümmerten Weibchen, die sich an der Hochzeit gar nicht beteiligen können. Nach der Hochzeit werfen sie die unnützen Männchen hinaus, aber das wollen wir noch erleben. Die Arbeiterinnen sind die wirklichen Lenker des Staates, sie regieren alles, und sie schreiben sogar der Königin vor, wohin sie ihre Eier legen soll und welcher Art die Eier sein sollen.«

»Schade«, meinte Traute, »ich hatte mir die Königin ganz anders vorgestellt, und alle Bienen müssten ihr gehorchen. Aber, Onkel Kleinermacher, du weißt wirklich alles, und was du uns erzählst, muss wohl wahr sein.«

Der Doktor lächelte nur und sprach weiter:

»Nun, Dieter! Warum haben nur die Weibchen einen Stachel? Ich will es dir sagen: Die Vorfahren der Bienen hatten noch nicht von Honig und Blütenstaub gelebt, sondern von Insektenfleisch. Sie überfielen andere Insekten, töteten und fraßen sie. Bald spürten die Ur-Bienen, dass Honig auch ganz gut schmeckte. Sie suchten jetzt die Blumen auf und verzichteten auf Fleisch. Aber die junge Brut wollte noch nichts von Pflanzenkost wissen, sondern sehnte sich nach Fleisch. So überfielen die Ur-Bienen-Eltern Insekten, lähmten sie mit einem Stich und überließen die betäubten Tiere ihren Kindern zum Fraße. Mit ihrer Legeröhre legten die Weibchen sogar die Eier in den noch lebenden, nur betäubten Insektenkörper hinein, und die ausschlüpfenden Jungen fraßen die gelähmten Insekten von innen auf. Nach und nach aber verzichteten auch die jungen Bienenkinder auf Fleischnahrung und ließen sich Honig und Blütenstaub schmecken. Die Überfälle auf fremde Insekten hörten jetzt auf. Die Weibchen der Ur-Bienen mussten nunmehr mit ihren Legeröhren die Eier in das Fleisch fremder Insekten legen. Aus dieser Legeröhre hat sich der Stachel entwickelt. Da aber nur Weibchen eine Legeröhre hatten, konnten auch nur Weibchen einen Stachel bekommen. Darum sind die Drohnen stachellos.«

Dieter hatte aufmerksam zugehört. Kein Wort entging ihm auf dem Wege zum Imker. Er hätte stundenlang den Erklärungen des Doktors lauschen können. Traute machte jetzt einen Vorschlag:

»Weißt du was, Doktor Kleinermacher, wir fangen eine Biene, nehmen sie mit nach Haus, geben ihr Honig, Blütenstaub und Wasser, soviel sie will. Dann braucht das arme Tier nicht zu arbeiten und kann ein Leben voller Freude genießen. Dabei können wir das Tierlein ständig beobachten.«

Der Doktor sagte: »Das geht leider nicht, Trautchen. jede Biene, die fern vom Bienenkorb leben muss, stirbt an Heimweh, selbst wenn ihr alle Genüsse eines Bienenlebens geboten würden.«

Traute kam überhaupt nicht mehr aus dem Staunen heraus. Da arbeiteten die Bienen so hart und aufregend, dass sie schon nach sechs bis acht Wochen sterben mussten. Bot man ihnen aber ein besseres Schicksal, dann starben sie vor Sehnsucht nach ihrer Plackerei und ihrer harten Arbeit. Die Bienen waren doch komische Tiere.

Dieter wollte wissen, welche besonderen Feinde die Bienen haben. Der Doktor hatte wieder einiges dazu zu sagen:

»Zuerst sind es die Vögel aller Art, die nach Bienen schnappen. Auch verfangen sich manchmal Bienen in Spinnennetzen. Vom *Bienenwolf* haben wir schon gesprochen. Ein heimtückisches Tier ist auch die *Wachsmotte*, die nicht nur die Zellen, sondern auch die Brut zerstört. Ein eigentümlicher Geselle ist der *Totenkopf*, ein Schmetterling. Aber dieser Honigräuber ist sehr selten bei uns, im Süden ist er häufiger anzutreffen. Er dringt in den Bienenkorb ein und hat einen harten Chitinpanzer, gegen den die Bienenstacheln nicht ankommen. Um diesen Schmetterling abzuwehren, bauen die Bienen Wachsstangen im Flugloch. Sie können zwischen diesen noch hindurchschlupfen, aber nicht der Totenkopf. Der weltweit schlimmste Feind eines Bienenvolks ist jedoch die *Varroamilbe*. Dieser Schmarotzer ist nur 1,1 Millimeter lang und 1,6 Millimeter breit. Er entwickelt und vermehrt sich in der verdeckelten Brut im Bienenstock. Durch sie gehen ganze Bienenvölker zugrunde und es gibt noch kein Mittel gegen den Befall.«

Der Doktor hätte noch weitererzählt, und die Kinder hätten auch gern weitergelauscht, aber sie waren jetzt bei der Imkerei angelangt, und der Doktor drängte zum Handeln. Wieder hatte er es so eingerichtet, dass sich der Imker bald verabschiedete. Nun führte der Doktor die Kinder zu einem ganz besonderen Bienenkorb.

»Von diesem hier sind vor kurzem Bienen ausgeschwärmt«, erklärte er. »Darin lebt jetzt eine jungfräuliche, neue Königin. Da wollen wir jetzt hinein. Ich habe alles wieder genauso vorbereitet wie beim letzten Mal. So, nun trinkt euren Messbecher aus!«.

Mit allen Erscheinungen und Wirkungen waren sie inzwischen bestens vertraut. Schnell schrumpften wieder ihre Körper, und als Zwerge suchten sie wieder nach den drei betäubten Bienen. In kurzer Zeit fanden sie die Tiere, setzten sich drauf und rieben sich mit deren Körpergeruch ein. Auch Traute zögerte nicht lange, sie wusste ja, es würde alles glatt gehen. Nur als sich die wiederbelebten Tiere in die Luft erhoben, verschlug ihr der Luftzug den Atem. Aber dann klappte alles besser als beim ersten Mal.

Wieder landeten sie am Flugloch, ritten in das Dunkel des Bienenkorbes hinein und jeder sprang von seiner Biene ab. Auch Traute gelang diesmal gleich der Absprung. Zunächst mussten sie sich wieder an die Dunkelheit im großen Honigdom gewöhnen. Auch der Doktor brauchte einige Zeit, um etwas sehen zu können. Immer wieder versuchte er, mit seinen Blicken das Halbdunkel zu durchdringen, es gelang ihm anfangs schwer, aber dann hatte er entdeckt, wonach er suchte:

»Schaut mal dorthin, Kinder, da ist sie, die junge Königin!«

Die Kinder folgten der Weisung seines Fingers und erblickten bald die neue Königin, die aufgeregt hin und her krabbelte. Kaum war die frühere Königin mit ihrem Schwarm abgezogen, da hatte sie sich schon aus ihrer Königin-Wiege hinausgedrängt und suchte nun die anderen Königin-Zellen auf. Nur eine Königin wird im Haus geduldet. Jede Konkurrentin muss vernichtet werden. Es wäre den vielen Arbeiterinnen ein Leichtes gewesen, die Königin-Wiege zu schützen. Aber sie gaben den Weg frei. Wenn sie nämlich eine zweite Königin-Wiege schützten, dann mussten sie zulassen, dass auch ein zweiter Schwarm mit der jungen Königin das Bienenhaus verließ und das Volk schwächte; denn zwei gleichzeitige

Königinnen vertragen sich nicht in einem Haus. Bei besonders kräftigen Bienenvölkern kommen solche Nachschwärme vor. Aber in diesem Fall mussten die zurückgebliebenen Bienen zusammenhalten, sie durften nicht weiter durch Ausschwärmen geschwächt werden. So gaben denn die Arbeiterinnen den Weg zu den Königin-Wiegen frei.

Die junge Königin rannte auf die nächste Königin-Wiege zu, riss den Wachsdeckel herunter, zerrte die verhasste Konkurrentin hervor und biss sie tot. Das gleiche wiederholte sie bei der nächsten Wiege. Die Arbeiterinnen standen untätig dabei und ließen dem unvermeidlichen Unheil freien Lauf.

Traute bedeckte ihr Gesicht mit beiden Händen. Sie wollte die Schlächterei nicht mit ansehen. Wie hatte sie die fleißigen Bienen gelobt, und wie sympathisch war ihr das emsige Honigvolk! Das hier aber war barbarischer Mord. Und ausgerechnet die Königin verlor alle Würde und jedes Zartgefühl. Dieter und der Doktor dagegen sahen dem Schauspiel interessiert zu. In ihrem Wissensdurst erkannten sie darin weder Schlechtes noch Gutes. Der kluge Mensch muss alles kennenlernen, darf vor nichts zurückschrecken. Die Männer sind grausam, dachte Traute. Sie wandte sich ab und wollte nichts mehr von allem hören und sehen.

Lange stand sie so da in ihrer trotzigen Haltung. Jetzt aber stellte sie fest, dass irgendetwas Neues im Bienenstaate vor sich gehen musste. Die Arbeiterinnen rannten wirr durcheinander, geschäftig und nervös brachten sie den ganzen Honigdom in Aufregung. Was ging denn jetzt wieder vor sich?

Weniger aufgeregt waren die Drohnen und die Königin, und dabei waren gerade diese direkt an dem beteiligt, was jetzt folgen sollte:

Die Drohnen unterschieden sich äußerlich nicht nur von

der Königin, sondern waren auch etwas größer als die Arbeiterinnen. Größer waren auch ihre Augen, denn diese nahmen nahezu den ganzen Kopf ein. Obgleich am Kopf kaum noch freier Platz war, besaßen sie noch drei Punktaugen auf der Stirn. Diese dienten vermutlich zum Betrachten der Dinge aus der Nähe. Die großen Augen aber brauchen die Drohnen auf ihrer Hochzeitsreise, wenn die fliehende Königin eingeholt werden sollte.

Dass die Drohnen keinen Stachel haben, hatten die Kinder schon oft beobachtet. Jetzt sahen sie aber, dass auch ihre Zunge viel kürzer war. Dieter erinnerte sich daran, dass der Doktor einmal erwähnt hatte, dass die Drohnen keine Blüten aufsuchten. Wenn sie Hunger hätten, dann würden sie von dem Vorrat naschen, den die Arbeiterinnen gesammelt haben. Wozu brauchten sie also eine lange Zunge? Die Nahrung liegt ja fertig und in Mengen da, bequemer können es die faulen Drohnen doch nicht haben.

Im Bienenkorb waren die Drohnen immer desinteressiert an der Königin vorbei gekrabbelt. Sie beachteten sie überhaupt nicht. Jetzt aber wollte die Königin nicht mehr im dunklen Bau bleiben. Am Anfang ihres Lebens steht die Sehnsucht nach der Sonne und dem blauen Himmel. Die jungfräuliche neue Königin stürzte sich zum Flugloch, startete und schraubte sich schnell und behende immer höher, immer höher in die frische Luft hinein.

Plötzlich wurden die bisher gelangweilten Drohnen äußerst lebendig, was die drei Eindringlinge mit Erstaunen beobachteten. Wie wild geworden stürzten sich die Bienenmännchen auf das Flugloch und starteten gleichfalls ins Freie. Der Doktor, Dieter und Traute wollten jetzt nicht länger in dem Honigdom bleiben. Auch sie rannten auf das Flugloch zu, stellten sich auf das Brettchen vor dem Flugloch und schauten interessiert nach oben.

Immer höher flog die neue Königin, und Hunderte von Drohnen folgten ihr. Selbst zu den Nachbarstöcken war die Kunde von dem Hochzeitsflug der Königin gedrungen. Auch fremde Drohnen beteiligten sich an ihrer Verfolgung. Kaum waren die Bienen in der Luft noch zu erkennen. Für die drei auf dem Flugbrettchen war es äußerst schwierig, diese Vorgänge zu verfolgen. Auf einmal hatte eine Drohne die flüchtende Königin erreicht. Sie näherte sich ihr, feierte Hochzeit, und im Überschwang der Freude starb der arme Bräutigam. Entseelt kreiselte der tote Hochzeiter langsam zu Boden. Traute hatte die Drohnen immer gehasst, jetzt aber hatte sie Mitleid mit dem bedauernswerten Bräutigam. Als die tote Biene unten anlangte, regten sich kein Bein und kein Fühler mehr. Hunderte von Drohnen gingen so auf die Hochzeitsreise, nur einer durfte die Königin beglücken, und dieser eine musste sterben.

Die Königin landete elegant auf dem Flugbrett, dicht neben Dieter, und sah sich nicht mehr nach ihrem toten Gemahl um, diese herzlose Witwe. Ohne ein Gefühl von Trauer zu zeigen, entfernte sie dessen kümmerliche Reste von ihrem Körper. Denn der Arme war bei der Hochzeit – wie schrecklich – buchstäblich geplatzt! Der Traute saßen die Tränen locker, und Dieter ballte die Fäuste und rief: »Wie herzlos sind doch diese Bienenköniginnen!«

Als die Königin nach der Bluthochzeit wieder den Bienenkorb aufsuchte, gingen auch die Kinder in den Honigdom hinein. Nach ihnen strömten auch alle Drohnen, die ewigen Junggesellen, in das warme Nest. Die Königin vergaß schnell alles wieder, Sonnenschein und Hochzeit. Sie wollte jetzt nur noch Eier legen, immerzu, bis zu ihrem Ende.

Die Kinder glaubten jetzt alles gesehen zu haben, was zu sehen war, aber schon wieder kündigte sich etwas Aufregendes an. Erneut gingen die Zeichen dafür von den Arbeiterinnen aus. Schon während der Hochzeit waren die Arbeiterinnen so aufgeregt, als ginge es um ihre eigene Hochzeit. Nun aber stürzten sie sich so wütend auf die Drohnen, dass diese das Feld räumen mussten. Die große Drohnenschlacht begann.

Wochenlang habt ihr Faulpelze unser Nest beschmutzt; wir haben allen Dreck von euch beseitigt, ihr habt von den Vorräten geschleckert, die wir angelegt haben, nie habt ihr euch an irgendeiner Arbeit beteiligt. Ihr habt keine Blüten aufgesucht, habt die Brut nicht versorgt und keine einzige Zelle gebaut. Hinaus mit euch Faulpelzen! Nur Hochzeit wollt ihr feiern, weiter nichts.

Die Drohnen wurden mit Gewalt zum Flugloch hinausgedrängt. Es sah urkomisch aus, wie die großen Biester nach und nach hinauspurzelten. Aber wie sollten sie sich dagegen wehren, denn sie besaßen keinen Stachel. Die Arbeiterinnen räumten jetzt gründlich auf. Sie brachen die Wiegen auf und rissen Eier, Maden und Puppen heraus, die später zu Drohnen werden sollten. Draußen aber lagen junge wie alte Männchen herum, und auch wenn sie die schreckliche Drohnenschlacht überstanden hatten, in der kalten Nacht mussten sie alle erfrieren. Die Arbeiterinnen ließen keine Drohne mehr ins Haus hinein. Nachdem alle Männchen des Bienenstockes ergriffen und hinausbefördert worden waren, drangen einige Bienen auch auf Doktor Kleinermacher und Dieter ein. Traute schrie vor Angst auf, obgleich sie in Ruhe gelassen wurde. Der Doktor und Dieter fürchteten den Stachel sehr und ließen sich ängstlich von den Arbeiterinnen vertreiben. Traute folgte frei-

willig und wehklagend der Rausschmeißer-Truppe. Jetzt hielten
sich der Doktor und Dieter am Flugbrett fest, unter ihnen war
der gähnende Abgrund. Aber die Arbeiterinnen hatten kein
Erbarmen mit beiden und bedrängten sie so unermüdlich, bis
sie mit ihren Händen das Flugbrett nicht mehr fassen konnten
und in die Tiefe fielen. Traute schrie gellend auf, dann sprang
sie mutig hinterher. Falls ihr Bruder den Sturz nicht überleben
würde, dann wollte auch sie sterben.

Alle drei hatten mit ihrem Leben abgeschlossen und emp-
fanden den Absturz in die bodenlose Tiefe als so unheimlich,
dass sich ihnen die Kehlen zuschnürten. Aber mitten im Sturz
setzte das bekannte Prickeln ein. Ihre Körper wurden größer

und größer, dann landeten sie sicher auf dem Erdboden, wo sie noch solange weiter wuchsen, bis sie wieder ihre Normalgröße erreicht hatten.

Alle atmeten nach der überstandenen Gefahr erleichtert auf. Und alle waren sich darüber im Klaren, dass dies das letzte Mal gewesen sein musste, mit dem sie das Schicksal herausgefordert hatten. »Wären wir nicht zur rechten Zeit wieder gewachsen, dann wären wir am Boden zerschellt, und nur unsere Leichen wären wieder größer geworden!«, meinte Dieter und zog seine Schwester immer noch etwas aufgeregt an sich. In Gedanken versunken machten sich nun alle auf den Nachhauseweg.

5

DER AUSFLUG IN DEN UNTERGRUND

Viele Tage waren vergangen und die Kinder hatten nichts mehr von Doktor Kleinermacher gehört. Dieter sagte mehrmals zu Traute: »Der Doktor wird sicher auch die Nase voll haben, genau so wie wir. Es war ja alles furchtbar aufregend, und ich muss oft an unsere Erlebnisse denken; aber wenn man dabei sein Leben riskieren soll, dann besten Dank!«

Auch Traute war der gleichen Ansicht, aber hin und wieder dachte sie bei sich: *Wie schnell die Mannsleute ihre Meinung ändern! Erst hielt es den Dieter vor lauter Abenteuerlust nicht im Haus, aber auf einmal hat er genug davon. Wie vernünftig er doch jetzt ist!*

Eines Tages kam Dieter ganz aufgeregt zu seiner Schwester und sagte:

»Stell dir vor, der Doktor hat mich vor der Schule abgefangen und uns wieder eingeladen. Wir sollen uns auf dem Feld am Waldrand einfinden. Aber das kommt gar nicht in Frage. Der soll von jetzt ab allein sein Leben aufs Spiel setzen.«

Traute meinte: »Was mag der wohl wieder vorhaben?«

»Das ist mir wurscht. Mit uns kann er jedenfalls nicht mehr rechnen.«

Doch Traute bohrte weiter: »Mich würde schon interessieren, was er diesmal vorhat. Sollten wir nicht wenigstens mal zu ihm hingehen?«

Dieter antwortete verwundert:

»O, soviel Mut habe ich dir gar nicht zugetraut! Aber hingehen könnten wir ja mal.«

Daraufhin meinte Traute: »Du hast wohl Angst – oder?«

Dieter war entrüstet: »Angst? Ich und Angst! Natürlich gehen wir hin. Aber von seinem Wunderwasser trinke ich keinen Schluck mehr.«

Am folgenden Tag machten sich die Geschwister auf den Weg zu dem von Doktor Kleinermacher vorgeschlagenen Treffpunkt. Er wartete bereits ungeduldig auf sie und lief ruhelos hin und her.

»Kinder, diesmal habe ich mir was ganz Tolles ausgedacht. Wir suchen einen Maulwurfs-Tunnel auf, beobachten Wühlmäuse, vielleicht werden wir auch auf Regenwürmer stoßen, es wird bestimmt wieder riesig interessant werden.«

Jetzt aber legte Dieter los:

»Nein, Doktor Kleinermacher, diesmal gehen wir nicht mit. Unser Leben ist uns zu lieb. Was sollen unsere Eltern sagen, wenn wir tot sind und nicht mehr nach Hause kommen! Mit Mühe und Not sind wir immer der Gefahr entronnen, wir haben viel Glück gehabt. Am Tod sind wir einige Male knapp vorbeigekommen. Das sollte eine Warnung sein, i c h mache jedenfalls nicht mehr mit.«

Der Doktor zeigte sich darüber tief enttäuscht und fand zunächst keine Worte. Dann sagte er:

»Dieter, wolltest du nicht mal nach Indien reisen und dort mit Tigern und Schlangen kämpfen? Ist das vielleicht weniger gefährlich?«

Traute nickte zustimmend mit dem Kopf, aber Dieter antwortete:

»Wenn ich solchen Bestien gegenüberstehe, dann habe ich wenigstens ein Gewehr in der Hand und kann schießen und mich wehren. Was soll ich aber machen, wenn dein Maulwurf mich fressen will?›

Jetzt legte aber der Doktor los:

»Denkt ihr denn, ich hätte nicht alle Schutzmaßnahmen getroffen? Glaubt ihr wirklich, ich sei sorgloser als ihr? Deswegen habe ich auch nichts mehr von mir hören lassen. In den letzten Tagen habe ich nicht geträumt, sondern intensiv gearbeitet. Hier, schaut mal her!« Dabei zog er aus seiner Tasche drei niedliche kleine Gewehre, jedes nur so groß wie ein Streichholz.

»Das sind echte, kleine Waffen, mit denen kann man richtig schießen. Was meint ihr wohl, wie lange ich daran gearbeitet habe? Erst habe ich sie im Groben hergestellt. Dann habe ich von dem Wunderwasser getrunken, denn nur als Zwerg konnte ich die Feinheiten erledigen. Nun sind die niedlichen Dinger fertig. Und seht: Hier ist die Munition, hier sind drei kleine Schaufeln. Ich habe alles ausprobiert und damit auf Schaben und Mäuse geschossen. Selbst die waren sofort mausetot. Uns könnte wirklich nichts passieren.«

Trautes Augen leuchteten bei der Betrachtung dieser kleinen Wunderwerke. Sie stieß Dieter aufmunternd an, und der sagte schließlich:

»Na gut, Doktorchen, da werde ich dich natürlich nicht im Stich lassen, wo du schon solche Sicherheitsmaßnahmen getroffen hast.«

Alle wurden sich schließlich wieder einig, und der Doktor konnte alles für die unterirdische Exkursion herrichten. Zuerst legte er einen Maulwurfshügel frei und grub mit einer Handschaufel einen kleinen Tunnel bis zur Maulwurfsbehausung. Dann tranken alle von dem Wunderwasser, das bis zur Strichmarke 2 in den Messbechern reichte. Kurz danach waren alle nur noch daumengroß, so wie es der Doktor vorgesehen hatte.

Der Eingang zur Höhle war rasch entdeckt. Nun hob der Doktor die drei Gewehre auf sowie die Munitionstaschen, die er schon bereitgelegt hatte. Eine Laterne, die er gleichfalls aufhob, verbarg er noch vor den Kindern. Er erklärte seinen Schützlingen, wie man eine Patrone in das Gewehr lud, wie man zielte und schoss. Die Kinder übten jeden Handgriff, denn es könnte ja sein, dass sie die Gewehre einsetzen müssten. Kaum waren die drei mit dem Mechanismus vertraut, als sich auch schon eine Gefahr zeigte. Wie wichtig die Waffen des Doktors waren, sollten die Kinder sofort erkennen. Eine Rabenkrähe hatte mit scharfem Auge die drei Däumlinge entdeckt. Die Krähe ist ein Raubvogel und Allesfresser. Selbst Junghasen sind ihr nicht zu groß, und auch Karpfen reißt sie aus dem Wasser, schlägt ihnen zuerst die Augen aus, dann tötet sie die blinden, hilflosen Fische. In den drei Däumlingen sah die Krähe einen willkommenen Fraß. Sie stieß krächzende Laute aus und stürzte sich flatternd auf die drei. Der Doktor legte sein Gewehr an, zielte und schoss. In der Aufregung traf er leider nur einen Flügel. Die Krähe stutzte und flatterte unruhig hin und her. *Nanu, die Däumlinge konnten ja schießen*, dachte sie wohl. Jetzt legte auch Dieter an und schoss so gut, dass die Krähe entsetzt floh. Immer matter aber wurden ihre Flügelschläge, schließlich plumpste der Vogel wie ein nasser Sack zu Boden.

»Das war unsere Feuerprobe. Hab Dank, Dieter! Nun aber hinein in den U-Bahn-Tunnel des Maulwurfs. Unter der Erde können die Gefahren nicht größer sein als darüber.«

Der Doktor ging mit angelegtem Gewehr voran; in die Mitte nahmen sie Traute, und Dieter machte den Abschluss. Als es für die Augen zu dunkel wurde, schaltete der Doktor seine kleine Laterne an, die alles ausleuchtete. »Du denkst doch an alles, Doktorchen, mit dir kann wirklich nichts schief gehen«, sagte Traute. In einem Buch hatte sie mal eine Zeichnung von dem unterirdischen Bau eines Maulwurfs gesehen. Darauf verliefen die Röhren im Tunnel so gleichmäßig, als seien sie mit Zirkel und Lineal vorgezeichnet worden. Wie erstaunt war Traute jedoch, als die Gänge des Maulwurfs kreuz und quer verliefen, ohne jegliche Symmetrie.

»Der Maulwurf baut ganz frei nach Schnauze«, erklärte der Doktor, »wo er etwas zum Fressen wittert, dahin buddelt er seinen Tunnel. Ihr müsst wissen, der Maulwurf ist das gefräßigste Tier, das hier bei uns lebt. Täglich frisst der Bursche das Eineinhalbfache seines Gewichts. Wenn er länger als zwölf Stunden nichts zu fressen hat, dann verhungert der kleine Fressteufel. Einen Winterschlaf kann er gar nicht halten, er ist viel zu verfressen, um die Zeit ruhig zu verschlafen. Wie alle Fresssäcke ist er ein Einzelgänger. Jeden anderen Maulwurf betrachtet er als Konkurrenten. Darum beißt er jeden Artgenossen weg. Selbst von seiner eigenen Frau will er nichts wissen, und über die Hochzeitsnacht hinaus gibt es keine Ehe bei der Familie Maulwurf. Die Mutter wieder verjagt ihren eigenen Gatten, denn dieser Rabenvater würde seine eigenen Kinder auffressen, wenn die Mutter ihn nicht verjagte. Andererseits sind diese Rabenväter sogar recht nützlich.«

»Was frisst denn so ein Maulwurf?«, wollte Traute wissen.

»Ungeziefer aller Art«, sagte der Doktor, »Bauern und Gärtner müssten eigentlich ihre Freude an ihm haben, denn der Maulwurf ist ein sehr nützliches Tier. Er frisst Frösche und Eidechsen, wo er auf sie trifft, aber auch alle Arten von Mäusen, sowie Blindschleichen und Ringelnattern. Vor allem aber frisst er die Schädlinge unter den Insekten, die die Pflanzenwurzeln benagen. Und da er ein unermüdlicher Fresser ist, vertilgt er sehr viel von allem Ungeziefer. Aber leider stellen die Bauern dem Maulwurf Fallen, in denen das Tier krepiert. Die ärgern sich nämlich über die vielen Maulwurfshügel auf Äckern und Wiesen.«

Dieter fragte jetzt, ob der Maulwurf deshalb so genannt würde, weil er mit seinem Maul die Erde zu kleinen Häufchen aufwirft? Der Doktor musste lachen: »Das könnt ihr natürlich nicht wissen. Viel früher hieß das Tier *Moltewurf* und *Molte* war damals die Bezeichnung für Ackererde. Aus dem Namen *Moltewurf* entwickelte sich im Laufe der Jahrhunderte *Maulwurf*.«

Jetzt wollte Dieter wissen, was für Feinde der Maulwurf habe. Unter der Erde sei er doch so ziemlich vor jedem Angriff sicher.

Der Doktor erklärte wieder: »Doch, doch, der Maulwurf hat viele Feinde. Wenn er mit seinem Körper die Erde zu den überall sichtbaren Hügeln empordrückt, und eine Eule beobachtet das zufällig, dann hackt sie zu und zieht das Tier aus seinem Bau. Ebenso macht es auch der Storch. Aber Iltis, Fuchs und Wiesel mögen den Stinker nicht, denn das Fleisch schmeckt widerwärtig nach Moschus. Dagegen nascht der Igel gern Maulwurfsfleisch, und auch der Falke, der Bussard und der Rabe; denn der Maulwurf bleibt nicht immer unter der Erde. Er steigt manchmal nachts aus seinem Tunnel heraus zu einem nächtlichen Ausflug. Dabei kann es dem kleinen Fressteufel passieren, dass er selbst gefressen wird. Mit einem seiner Feinde wird er aber fertig, nämlich der Kreuzotter. So giftig die Schlange auch ist, der Maulwurf weiß so geschickt zuzupacken, dass die Schlange ihr Leben lassen muss. Wer hätte das von dem dicken Gesellen gedacht? Die tote Giftschlange frisst der Maulwurf dann genüsslich auf.«

Die drei waren auf ihrem Weg durch den Tunnel schon eine

ziemlich weite Strecke gegangen. Wenn es um Abzweigungen ging – und deren gab es viele – leuchtete der Doktor zuvor den Gang ab und hielt sein Gewehr schussbereit. Oft gingen auch kleinere Seitenwege ab, und der Doktor machte sich ein Zeichen, um den Weg zurückzufinden. Einmal bogen sie in einen solchen Querweg ein, als der Doktor plötzlich vor ihren Augen verschwand. Die Kinder blieben erschrocken im Dunkeln stehen. Dann hörten sie den Doktor um Hilfe schreien. Jetzt sahen sie, dass er in eine tiefe Grube gefallen war. Mit einer Hand hielt er sich jedoch an deren Rand fest, und mit der anderen hielt er die Laterne, die er nicht loslassen wollte. Die Grube war ziemlich tief und ganz unten spiegelte sich ihr Licht im Grundwasser. Dieter und Traute gelang es zum Glück, mit vereinter Kraft den Doktor herauszuziehen.

Der Maulwurf hatte sich hier einen Tiefbrunnen angelegt, um immer über Wasser zu verfügen, ohne seinen Bau verlassen zu müssen. Mit doppelter Vorsicht gingen die drei weiter. Der Doktor hörte mit dem Erzählen auf und achtete jetzt umso mehr auf den Weg. Bald sahen sie ein Häufchen, gebildet aus lebenden Regenwürmern, die sich im Knäuel nur schwach bewegten. Der Doktor leuchtete mit seiner Laterne hinein und stellte fest, dass der Maulwurf allen Regenwürmern den Kopf abgebissen hatte. Davon starben die Regenwürmer nicht, denn man kann Regenwürmer in zwei Teile zerschneiden, beide Teile leben fort und wachsen wieder heran. Auch die kopflosen Regenwürmer blieben leben, da ihnen aber kein neuer Kopf mehr nachwuchs, waren sie in ihrer Lebenskraft gehemmt und konnten sich nur schwach bewegen, vor allem aber nicht fliehen. Und das beabsichtigte der Maulwurf, denn somit hatte er immer einen frischen Fleischvorrat im Hause.

Die drei betrachteten die Regenwürmer näher. Selbst ihre

schwachen Bewegungen ergaben für die Ohren der Zwerge ein raschelndes Geräusch, das Menschen normalerweise nicht wahrnehmen können. Der ganze Körper der Regenwürmer war mit dünnen Haaren besetzt, die das Rascheln verursachten. Auch diese Härchen bleiben den menschlichen Augen gewöhnlich verborgen, nur wenn man Regenwürmer über ein Blatt Papier schlängeln lässt, dann wird auch das menschliche Ohr das Rascheln der Haare vernehmen.

Der Doktor erzählte weiter: »Die Regenwürmer sind fleißige und nützliche Tiere. Sie durchwühlen das gesamte Erdreich, und wo sie arbeiten, da gibt es Humusboden. Denn was der Regenwurm verdaut hat, ist Humuserde. Die Gärtner sollten den Regenwürmern ein Denkmal setzen, so nützlich sind sie nämlich. Denkt euch nur«, fuhr er fort, »von diesen Regenwürmern gibt es in den Tropen Biester, die einen Meter lang werden. Damit müssten unsere Angler mal auf Fischfang gehen! Seht ihr dort den bleichen Ring in der Mitte der Regenwürmer? Das ist der Hochzeitsring dieser Tiere. Zwar gibt es keine Männchen und keine Weibchen unter den ihnen, denn jedes Tier ist zugleich Männchen wie Weibchen. Zwitter nennt man solche Geschöpfe, aber Hochzeit feiern sie doch. Dann kleben sich die beiden Würmer an den Ringen aneinander, und nach einiger Zeit entstehen daraus kleine Regenwürmer.«

Traute hielt es nicht länger bei den geköpften Regenwürmern aus. Ihr taten die armen Geschöpfe zu leid; auf ihre Bitte hin machten sich alle wieder auf den Weg.

Sie gingen immer weiter, aber vom Maulwurf war nichts zu sehen. Dieter zweifelte schon daran, das Tier jemals zu Gesicht zu bekommen. Jetzt verlief der Tunnel etwas bergauf, und durch eine Ritze kam etwas Tageslicht herein. Dieter kletterte die Tunnelwand mit des Doktors Hilfe empor und steckte seinen Kopf hindurch. Von Ekel erfüllt zog er den Kopf jedoch schnell wieder ein.

»Was hast du da gesehen?«, fragte der Doktor. Dieter schüttelte sich und antwortete:

»Eine dicke, eklige Kröte sitzt da oben in einer Bodenspalte.«

»Pfui, die Tiere sind giftig«, fügte Traute hinzu.

Der Doktor musste wieder einiges über Kröten erzählen:

»Giftige Kröte – das ist übertrieben. Man hat früher viel dummes Zeug über dieses harmlose Wesen verbreitet. So zum Beispiel hieß es, wenn eine Kröte über den menschlichen Körper liefe, dann geränne dort das Blut und man bekäme einen Hautausschlag. Eine Kröte solle hundert Menschen vergiften können. Das ist zwar nicht grundsätzlich falsch. Denn tatsächlich ist die Kröte leicht giftig, besonders im Schleim ihrer Haut befindet sich Gift, aber damit kann sie nur ganz kleine Tiere töten. Für den Menschen ist sie vollkommen ungefährlich. Im Gegenteil, das Tier ist sogar recht nützlich. Es frisst so viele Pflanzenschädlinge, dass man in England mit Kröten handelt, und die Gärtner dort kaufen die Tiere in großen Mengen. Man sagt, die Kröte sei ein hässliches Tier. Das finde ich auch. Dass die Kröte aber grässlich klingende Laute ausstößt, ist nichts als blödes Geschwätz. Der Unkenruf hat einen wunderschönen Klang, vom hässlichen Unkenruf redet oder schreibt nur jemand, der noch nie eine Unke hat rufen hören. Lasst das Tier da oben also in Ruhe. Es schläft am Tage in Erdritzen, und nachts geht es auf die Ungezieferjagd.«

Die Kinder staunten wieder über die Kenntnisse des Doktors. Was der doch alles wusste! Und alle bisherigen Vorstellungen von den Tieren purzelten um wie Kartenhäuser. Traute nahm sich vor, so lange den Doktor auf seinen abenteuerlichen Reisen zu begleiten, wie er es duldete. Aber ihr Bruder sollte natürlich immer dabei sein. Man konnte ja so unglaublich viel von dem Doktor erfahren. Einmal gab er zu, dass er ständig quatsche und ihm das recht peinlich sei. Ob er ihnen damit nicht auf die Nerven gehe? Aber die Kinder widersprachen ihm heftig, sie konnten nicht genug von ihm hören. Er solle nur immer weitererzählen. Sie seien ihm so dankbar dafür.

Als sie weitergingen, hielt der Doktor plötzlich seine Lampe in die Höhe und untersuchte eingehend die Tunnelwand. Ohne lange zu überlegen, griff er nach seinem Spaten, übergab Traute die Lampe und forderte Dieter auf, mit schussfertigem Gewehr bereitzustehen. Dann legte er die Tunnelwand frei. Es kostete ihn einige Mühe, dann aber sahen die Kinder eine Erdröhre, die beinahe senkrecht von oben nach unten verlief. Nach oben endete die Röhre auf der Erdoberfläche, und das Tageslicht drang in das Loch hinunter. Bis zur unteren Hälfte war aber die Röhre – die Kinder erkannten es schon an dem üblen Geruch – mit Mist gefüllt.

»Hier hat ein Mistkäfer gearbeitet«, erklärte der Doktor. »Wenn das Mistkäferweibchen seine Eier legen will, dann gräbt es sich vorher eine Röhre, und das Männchen hilft ihr dabei. Das kann man aber nicht von allen Vätern im Tierreich behaupten. Wenn die Röhre fertig ist, wird Mist herbeigeschafft und hier abgelagert. Dann kommen die Eier hinein. Von dieser für uns wenig appetitlichen Kost sollen die Mistkäferkinder leben. Sie bekommt ihnen, und sie gedeihen damit vorzüglich. Die beiden Eltern sammeln mehr Mist, als die Kinder verzehren können, denn der Mist soll auch im Winter die Kinder wärmen. Manche Mistkäfer sammeln nur Mist von Schafen und Hasen. Das ist ganz praktisch, denn die kugelrunden Häufchen lassen sich gut transportieren und bequem in den Keller hinabrollen. Ein afrikanischer Mistkäfer, der *Skarabäus*, muss solche Kugeln erst mühsam aus dem Mist formen. Kinder, lasst uns nun die Öffnung wieder schließen. Mit unserer Arbeit haben wir die Eltern verjagt, und wir wollen ihnen jetzt Ruhe gönnen.«

Der Doktor und Dieter schaufelten den Einbruch wieder zu, und Traute hielt dabei die Laterne. Als die Arbeit getan war, gingen alle weiter. Sie mussten doch endlich auf den Maulwurf stoßen, oder befand der sich gar nicht mehr in diesem Bau?. Mitten auf dem Weg krabbelte eine riesige Made. Das Tier war stark gekrümmt und sehr dick.

»Das ist ein Engerling«, erklärte der Doktor. »Drei Jahre lang frisst er sich durch die Wurzeln in der Erde. Alle beknabbert er und richtet dadurch gewaltigen Schaden an. Nach drei

Jahren verpuppt er sich, und heraus fliegt ein Maikäfer. Der Käfer lebt nur kurze Zeit, heiratet und frisst in seinem Leben so viel Blätter, wie er verdauen kann. Ungeheuer groß ist der Schaden, den Maikäfer verursachen, aber noch größer ist der Schaden, den Engerlinge wie dieser hier anrichten. Darum will ich ihn jetzt töten.«

Der Doktor machte sein Gewehr schussfertig. Ein raschelndes Geräusch ließ ihn aber aufhorchen. Sollte jetzt endlich der Maulwurf . . . ?

Die drei flüchteten in eine enge Nische des Tunnels. Hier waren sie sicher und konnten alles gut übersehen. Wie erschrak aber Traute, als ein unheimliches Wesen heranraschelte. Das Wesen hatte eine entfernte Ähnlichkeit mit einer Heuschrecke, war aber viel plumper gebaut, und die Vorderfüße sahen aus wie zwei gewaltige Schaufeln.

»Eine *Maulwurfsgrille*«, flüsterte der Doktor. »Das Tier lebt unterirdisch und knabbert Wurzeln an, frisst aber auch Tiere aller Art. Die Muskelkraft der Maulwurfsgrille ist gewaltig. Um den Engerling hier ist es sicher gleich geschehen.«

Und richtig, die Maulwurfsgrille stürzte sich über den Engerling her, sodass das Tier sich vor Schmerzen krümmte. Bevor jedoch die Maulwurfsgrille mit dem Fressen begann, stürzte sich ein dunkler Schatten über sie her und biss sie tot. Das ist eine Maus, dachten Dieter und Traute. Aber der Doktor flüsterte den Kindern zu:

»Dieses Tier wird zu Unrecht als ›Maus‹ bezeichnet. In Wirklichkeit ist es eine *Spitzmaus*. Sie sieht aber einer Maus zum Verwechseln ähnlich, mit Mäusen ist sie jedoch nicht verwandt. Die Spitzmaus gehört zu den Igeln und Maulwürfen, also zu den Insektenfressern. Sie frisst fast solche Mengen wie der Maulwurf, doch der schlägt hierin jeden Rekord. Sogar über

Mäuse – obgleich die echten Mäuse nicht kleiner sind – stürzt sich die Spitzmaus her, beißt sie tot und frisst sie auf. Täglich verschlingt der kleine Racker so viel wie er selbst wiegt. Könntet auch ihr jeden Tag einen Zentner Fleisch verdrücken? Wohl kaum!«

Die drei beobachteten von ihrem Versteck aus die gierig fressende Spitzmaus und bemerkten gar nicht, wie sich ein dunkler, walzenförmiger Körper heranschob. Das bläulich schimmernde Samtfell war sauber, obwohl das Tier sich ständig durch die schmutzige Tunnelwand hindurchschob. Der Maulwurf war da, endlich! Plötzlich schoss er blitzartig vor, packte die Spitzmaus am Genick und biss seine entfernte Verwandte tot. Genüsslich schlang der Maulwurf das Fleisch hinunter, dann machte er sich über die Reste der Maulwurfsgrille her, und schließlich verschluckte er als Nachspeise auch noch den

Engerling. Die schmatzenden Geräusche beim Fraße zeigten, dass der Maulwurf sich wohlfühlte, denn er war ja bei seiner Lieblingsbeschäftigung. Kaum hatte er alles verdrückt, legte er sich breitbeinig hin und rührte sich nicht mehr vom Fleck, ausgerechnet vor dem Versteck der drei. Die kleinen Zwerge waren nun im Maulwurfsbau gefangen. Der Doktor überlegte nicht lange. Die Zeit war sehr rasch vergangen. Es würde nicht mehr lange dauern, dann würde das Wachsen einsetzen. »Wir müssen aus dem Bau heraus, so schnell es geht.«

Er legte das Gewehr an. Unbedingt töten wollte er den Maulwurf nicht, bei einem Angriff war allerdings dessen Erschießen unumgänglich. So gab er nur einen Warnschuss ab, wobei es wie ein Donnerschlag durch den Tunnel hallte und Traute sich die Ohren zuhalten musste.

Kaum war der Schuss erfolgt, fegte der Maulwurf blitzartig den Gang entlang und war nicht mehr gesehen. Eine solche Geschwindigkeit hätten die drei diesem walzenförmigen Körper gar nicht zugetraut.

Nun aber nichts wie heim! Da der Doktor sich Zeichen gemacht hatte, fanden sie leicht wieder den Höhleneingang. Noch immer lag der Haufen geköpfter Regenwürmer mitten im Weg, doch bei dem Tiefbrunnen passte der Doktor diesmal besser auf. Endlich sahen sie das Tageslicht schimmern und bedauerten, dass ihre Exkursion schon beendet war. Aber kurz vor dem Ausgang schlängelte sich ein Regenwurm in die Höhle hinein. Ein viel kleinerer Tausendfüßler hielt ihn umklammert und ließ ihn nicht los. Der arme Wurm konnte sich nicht wehren und würde wohl gleich gefressen werden. Aber die Abenteurer hatten keine Zeit mehr, darauf zu warten. Sie eilten ins Freie, denn schon bald würde das Größerwerden einsetzen. Dort beobachteten sie herumfliegende Käfer und Schmetterlinge und hatten Freude an den vielen, sich ringsum im Winde wiegenden Blütenpflanzen und Gräsern. Dann endlich machte sich das Prickeln im Körper bemerkbar, und kurz danach hatte jeder seine normale Größe wieder erlangt.

Diesmal war alles gut gegangen, denn aus allen vorherigen Abenteuern hatte der Doktor wichtige Erkenntnisse gewonnen. Er hatte Gewehre und Schaufeln mitgebracht, selbst eine Laterne hatte er nicht vergessen; mit ihm ging doch immer alles gut aus.

Beim Nachhausegehen versprachen sich Dieter und Traute: »Wir wollen dem Doktor doch die Treue halten. Wir wären wirklich dumm, wenn wir keine weiteren Abenteuer mit ihm erleben   wollten.«

6

AUF TAUCHFAHRT IM GARTENTEICH

Eines Tages suchte Dieter allein den Doktor Kleinermacher auf und sagte nach seiner Rückkehr zu Traute:

»Du, ich soll dem Doktor helfen. Er baut sich ein Unterwasserboot, so groß wie eine Männerfaust. Immer nachmittags kann ich zu ihm gehen und dort feilen, schrauben und hämmern. Meistens arbeiten wir in unserer natürlichen Größe, aber wenn wir besonders feinfühlige Arbeiten erledigen müssen, dann trinken wir vom Wunderwasser und arbeiten danach als Zwerge weiter. Das wird wahnsinnig interessant.«

»Ach Dieter, nimm mich bitte mit, bestimmt kann ich euch dabei helfen!«

»Vorläufig können wir dich nicht beschäftigen, aber ich hole dich rechtzeitig ab.«

Traute zeigte sich betrübt, dass die beiden Mannsleute ohne ihr Beisein ein Unterwasserboot herstellen wollten. Wie gern hätte auch sie mitgeholfen oder wenigstens dabei zugesehen. Warum dachte man immer so geringschätzig von ihr? Hatte sie sich nicht aus dem Bienenkorb gestürzt, als der Doktor und Dieter während der Drohnenschlacht hinausgeworfen wurden? Hatte sie vor dem Maulwurf und vor der Spitzmaus Angst gezeigt? Sie hatte ihr kleines Gewehr nicht weggeworfen, sondern es schussfertig gemacht, als sich die beiden Bestien näherten. Warum also wollte man sie nicht teilhaben lassen? Denn arbeiten konnte sie auch und fürchtete sich nicht vor Schmutz.

Traute fühlte sich einige Tage lang ziemlich niedergeschlagen. Und als sogar Wochen daraus wurden, bis Dieter wieder etwas Zeit für sie hatte, ließ sie immer mehr dem Kopf hängen. Nein, wenn die Männer so egoistisch sind und so wenig von ihr halten, dann würde sie es ihnen schon zeigen. Dieter soll nur kommen und sie auffordern, mit zum Doktor Kleinermacher zu gehen! Dann würde sie einfach mit den Schultern zucken und ihm schnippisch erklären: *Fällt dir nichts Besseres ein?* Ganz fest hat sie sich das vorgenommen und es schon ein paarmal eingeübt. Je gleichgültiger und schnippischer ihr *Fällt dir nichts Besseres ein?* klingen würde, umso besser.

Und dann kam Dieter eines Tages angerannt. »Du, Traute, das Unterwasserboot ist fast fertig. Du sollst nur noch ein paar Kissen für die Sitze nähen und ein paar Vorhänge für die Fenster.«

Traute vergaß ihr Beleidigtsein und rief nur: »Prima! Ich komme gleich mit.«

Beide eilten jetzt zum Haus des Doktors, stürmten die Treppen hinauf, und im Wohnzimmer stand Traute staunend vor dem kleinen Wunderwerk. Das war etwa so groß wie eine Männerfaust. Ringsum besaß es richtige Glasfenster. Ein winziger Motor war zu erkennen, der die Schiffsschraube antreiben sollte, und es gab sogar eine Abschusseinrichtung für Torpedos. Der Doktor war ein echter Tausendsassa, über dessen Wunderwerke man nur staunen konnte. Und da soll man ihm noch etwas übelnehmen?

Willig ließ sich auch Traute von dem Wunderwasser verkleinern und stieg in das U-Boot ein. Das kleine Prachtstück besaß alles, was man von einem U-Boot erwartete. Selbst die Treppen waren sauber gearbeitet, sogar Treppengeländer waren vorhanden, und durch die klaren Glasfenster konnte man nach draußen schauen. Nur die Sitzbänke empfand sie als etwas zu hart. Sie nahm alles zur Hand, was der Doktor schon hergerichtet hatte wie Nadel, Schere und Stoff. Traute fertigte geschickt Kissen und Vorhänge an, kurz alles, was der Bequemlichkeit in dem Unterwasserfahrzeug diente. Sogar einen Teppich stellte sie her. »Damit die Füße nicht kalt werden«, sagte sie. Der Doktor stand lächelnd bei ihr und freute sich darüber, diese geschickte kleine Hausfrau auf der bevorstehenden Reise dabei zu haben.

Am nächsten Tag trafen sich die drei wieder bei dem Imker, in dessen Garten sich ein kleiner Teich befand. Der Bienenzüchter war ein alter Freund des Doktors. Er hatte nichts dagegen, wenn der sich mit Kindern hier aufhielt, um seine Bienen zu beobachten. Jetzt errichtete der Doktor aus einem alten Holzbrett einen kleinen Steg, der bis ins seichte Wasser ragte, und setzte sein Unterwasserboot daneben. Dann reichte er den Kindern ihre bis zur Strichmarke 3 gefüllten Messbecher, die sie sofort austranken. Das Schrumpfen ihrer Körper erfolgte wenige Sekunden danach und als alle drei die gewünschte Größe erreicht hatten, liefen sie über den Landungssteg zum Schiff und stiegen ein. Nachdem jeder seinen Platz eingenommen hatte, verriegelte der Doktor die Luke und startete den Elektromotor.

Dieter und Traute hüpften vor Freude auf ihren Sitzen. Vielleicht wird das wieder ein Abenteuer, so toll wie noch kein anderes davor! Hoch soll der Doktor Kleinermacher leben, er ist wirklich ein Genie.

Endlich drehte sich die Schiffsschraube und das Unterwasserboot flitzte in solch sausender Fahrt durch das Wasser, dass der Doktor schon befürchtete, es würde am gegenüberliegenden Ufer aufprallen. Er steuerte daher das kleine Fahrzeug immer im Kreise herum und befahl Dieter, das Steuer zu bedienen. Er selber wollte sich um die Motorregelung kümmern, denn die Geschwindigkeit musste unbedingt verringert werden. Daraufhin fuhren sie nur noch ganz langsam durchs Wasser, sodass sie das Leben und Treiben darin richtig gut beobachten konnten. Jetzt erst stellten die Kinder fest, welch ein vielfaches Leben sich hier tummelte. Es gab so viel zu sehen, dass der Doktor ihnen wieder alles genau erklären musste. Vorsichtig bewegte er sein U-Boot auf ein eklig aussehendes Ungetüm zu. Das hässliche, längliche Insekt lag still und lauernd am Grund. Wenn irgendein kleines Tierchen in der Nähe vorbei huschte, dann sah es so aus, als ob das scheußliche Wesen gleich zum Sprung ansetzen wollte. Aber es traf keine Anstalten, Beute zu machen. Da schlängelte sich ein kleines Würmchen vorüber. Jetzt – die Kinder sahen es mit Schrecken und Staunen – schleuderte das greuliche Insekt eine Zange hervor, die es bisher unter seinem Kopf verborgen gehalten hatte. Diese befand sich an einem klappbaren Stiel und packte das arme Würmchen. Dann wurde die Zange wieder eingezogen und die zappelnde Beute verspeist. Traute wandte sich an den Doktor: »Was ist denn das für ein grausames Untier?«

»Das ist eine *Seejungfer*, eine Libelle.«

»Aber Doktorchen, du willst mich wohl zum Narren halten! Libellen sind doch prächtig gefärbt und schwirren in der Luft herum. Die hässliche Kreatur kann doch niemals eine Libelle sein.«

»Doch, doch! Die Seejungfern legen ihre Eier im Wasser ab. Und aus diesen kriechen eines Tages die Libellenlarven heraus, die so hässlich aussehen wie das Ungetüm dort. Habt keine Angst, in unserem metallenen U-Boot kann uns die Larve nichts anhaben. Sonst aber fressen sie alles, was ihnen vors

Maul gelangt. Mit ihrer Zange packen sie ziemlich kräftig zu. Man nennt diese Vorrichtung auch Fangmaske, weil sie zurück-gezogen am Kopf sitzt. Schöner sehen die Libellen aus, wenn sie aus ihrer Verpuppung herauskriechen. Mit ihren schillern-den Farben fliegen sie dann – wunderschön anzusehen – durch die Lüfte. Aber getötet und gefressen wird auch dann immer weiter. Man hat die Libellen auch als die *Falken* unter den Insekten‹ bezeichnet. Denn flink sind sie, eine Fliege oder ein Schmetterling in der Luft wird leicht zu ihrem Opfer. Noch in der Luft wird die Beute zerrissen und verzehrt, wobei ihre riesigen, schönen Kulleraugen schon nach einem neuen Opfer Ausschau halten.«

Dieter und Traute zeigten sich entsetzt darüber, dass diese so schön anzusehenden Insekten derart mordlustige Gesellen sind und ihr Nachwuchs so scheußlich aussieht. Es ist eben nicht alles Gold, was glänzt!

Der Doktor führte sein U-Boot an ähnlich aussehende Geschöpfe heran, die nur etwas kleiner waren. Auch diese Tiere verhielten sich genauso, nur verfügten sie nicht über die Fangzangen der Libellenlarven. Dieter nahm an, das seien ebenfalls Libellenlarven, nur etwas kleiner als die zuvor gesehenen und würden auch als fertige Insekten nicht größer sein. In der Luft sehe man ja auch Libellen in allen Größen.

Aber der Doktor musste Dieter wieder berichtigen und sagte:

»Was das hier für Viecher sind, werdet ihr kaum erraten. Es sind die Kinder der Insekten, die im Sommer überall herum-fliegen, nämlich die Larven der Eintagsfliegen.«

Nun war die Reihe an Dieter, erstaunt zu sein.

»Nun sieh mal einer an! Die Eintagsfliegen erscheinen so harmlos, dass sie draußen nur durch die Luft tanzen und

Hochzeit halten. Dabei leben sie im Wasser vorher als Larven und und morden wie übelste Verbrecher.«

Inzwischen hatte der Doktor sein U-Boot zur Wasseroberfläche hin gelenkt. Dort oben hatte er den Kindern noch etwas zu zeigen, nämlich zierliche, herumzappelnde Lebewesen. Dabei steckten sie eine Röhre ihres Körpers aus dem Wasser nach oben heraus, um damit Atemluft zu holen. An manchen Stellen war das Wasser dicht mit diesen winzigen Kreaturen bedeckt.

Dieter überlegte kurz, legte den Finger an seine Stirn und sagte: »Ich nehme an, dass es Larven sind, nur was für welche?«

Der Doktor erklärte: »Das sind die Larven von Mücken, den verdammten Stechmücken, die uns das Leben oft zur Hölle machen.«

Dieter meinte: »Wenn die Mücken uns schon in der Luft so plagen, werden die Dinger wohl auch im Wasser viel Unheil anrichten. Wahrscheinlich stechen sie Fische und saugen ihnen das Blut aus – oder?«

»Nein, die Mückenlarven sind gar nicht so schlimm. Sie ernähren sich ausschließlich von kleinen Pflanzenteilchen. Dafür werden sie allerdings von anderen Insekten und Fischen gefressen. Aber es bleiben immer noch genug von ihnen übrig, um uns später als Stechmücken zu piesacken. Ubrigens stechen nicht alle Mücken und saugen Blut. Nur die Weibchen begehren unser Blut, die Männchen lassen uns in Ruhe und saugen nur Schweißtropfen ab.«

Dieter triumphierte: »Hast du gehört, Traute, nur die Weibchen saugen Blut. Die Männchen sind viel anständiger!«

Weiter lenkte der Doktor sein U-Boot durch das Wasser, kreuz und quer, um immer neue Entdeckungen zu machen.

Jetzt erblickten sie einen gewaltigen Hecht, der ihnen so groß wie ein Walfisch vorkam und direkt auf das Boot zuschwamm. Daraufhin musste Dieter wieder das Steuer übernehmen. Der Doktor machte sich an der Vorrichtung zum Abfeuern eines Torpedos zu schaffen. Bereits vor der Abreise hatte er alles vorbereitet, sodass nichts mehr daran einzustellen war. Zwar könnte der Hecht, dieser gefährliche Raubfisch, das U-Boot nicht verschlucken, aber zu Schaden käme es doch, falls man einen Angriff nicht verhindern würde. Immer mehr näherte sich der riesige Bursche. Jetzt wurde es höchste Zeit. Der Doktor feuerte sein Torpedogeschoss ab, welches sich tief in den Leib des Fisches bohrte, worauf dieser panikartig die Flucht ergriff. Die ihm zugefügten Wunde war zwar nicht lebensgefährlich, aber der Doktor wollte sehen, wohin der Hecht entfloh, und folgte ihm in sicherer Entfernung. Die Verwundung konnte nicht besonders schwer gewesen sein, denn der Hecht schnappte schon im Vorbeischwimmen wieder nach kleineren Fischen. Aber anscheinend hatte der Torpedo-angriff ihm doch den Verstand geraubt. Denn normalerweise verschmäht der Hecht die kleinen Stichlinge mit ihren gefähr-lichen Stacheln. Jetzt aber schnappte er nach einem Stichling. *Mir kann er ja nichts anhaben* – dass wusste der Kleine aus Erfahrung – *ich habe ja eine Waffe und der große Fisch wird sich davor hüten, mich zu fressen.* Aber der Hecht biss doch zu. Die Stacheln des Stichlings drangen dem Raubfisch durch den Oberkiefer, und schmerzvoll hielt er sein Maul weiterhin geöffnet. Das hat er davon, jetzt hat er die Maulsperre. Nie wieder würde er einen Fisch totbeißen können. Mit einem Stichling im Maul muss er nun elendig verhungern. Aber auch der Stichling wird sterben, denn er sitzt ja in dem Rachen dieses Räubers fest.

Die drei im U-Boot hatten gespannt dem Schauspiel zugeschaut. Jetzt aber wendete der Doktor sein Boot und Dieter fragte neugierig: »Wohin geht's denn jetzt, Doktorchen?«

»Ich bin auf der Suche nach einem Stichlingsnest, das möchte ich mir nämlich gern mal anschauen. Ihr sollt wissen, dass nicht die Stichlingsfrau, sondern der Stichlingsmann sich ein Nest auf dem Grunde des Wassers baut, das ungefähr so groß wie unser U-Boot ist. Das Nest hat einen Eingang und einen Ausgang. Wenn das Heim fertig ist, dann geht der Stichlingsmann auf Brautschau, und zwar auf ziemlich brutale Weise. Entdeckt er nämlich eine Stichlingsfrau, dann jagt er sie in sein Nest hinein. Dort muss sie ihre Eier ablegen, danach drängt der Kerl sie wieder hinaus. Ist das geschehen, sieht er sich nach einer neuen Frau um, und das Spiel beginnt von neuem. Mit zwei Weibchen ist der Stichlingsmann immer noch nicht zufrieden, es jagt noch weitere zur Eiablage in sein Nest hinein. Hat der Nestbesitzer genug Eier beisammen, dann behütet er sie wie einen Schatz. Kein Lebewesen darf dem Eierhaus zu nahe kommen, denn der Stichlingspapa ist sehr angriffslustig. Nach einiger Zeit kriechen aus den Eiern kleine Stichlingskinder. Nun aber wächst die Fürsorglichkeit des Vaters, ständig schwimmt er um seine Kinderschar herum ... aber was sehe ich dort hinten ... tatsächlich, ein Stichlingsnest!«

Der Doktor steuerte sein Boot darauf zu, und die Kinder sahen durch die Glasscheiben einen Bau, genau wie ihn der Doktor beschrieben hatte. Unzählige kleine Stichlinge schwammen behände um das Nest herum, und der sie bewachende Papa immer zwischen ihnen. Wagte sich ein kleiner Stichling zu weit vom Nest weg, dann schwamm der Stichlingspapa ängstlich hinterher und holte den Ausreißer vorsichtig in seinem Maul wieder zurück.

Traute wunderte sich und sagte: »Ich verstehe das alles

nicht. Wo ist denn die Mutter? Kümmert d i e sich denn gar nicht um ihren Nachwuchs?«

Kaum hatte Traute das gesagt, da näherte sich ein Stichlingsweibchen dem Nest. Aber der Vater war auf dem Posten, wütend schwamm er ihr entgegen und verjagte sie.

Traute war wieder entrüstet: »Pfui, so ein garstiger Vater! Die Stichlingsmutter will doch nach ihren Kindern sehen. Und der ekelhafte Kerl verjagt sie!«

Aber der Doktor war anderer Meinung:

»Der Stichlingsmann weiß schon, was er tut. Würde er das Weibchen heranlassen, dann würde sie alle ihre Jungen auffressen. Nein, nein, der Stichlingsvater ist für den Nachwuchs ganz allein verantwortlich, die Mutter ist hier nicht willkommen.«

Jetzt hatte Dieter wieder mal Oberwasser:

»Siehst du, Traute, die Männer sind doch besser. Die Mückenmänner saugen kein Blut, und die Stichlingsväter sind gut zu ihren Kindern.«

Traute drehte sich halb verärgert und halb belustigt um, und der Doktor lachte. Da stieß plötzlich etwas von außen gegen das U-Boot, sodass innen alles wackelte. Sie waren nämlich dem Stichlingsnest zu nahe gekommen, und der streitsüchtige Stichlingsmann rannte wütend gegen das Fahrzeug an. Aber er konnte ihm nicht schaden, denn dafür war es viel zu stabil. Noch einige Male nahm der Stichling einen Anlauf und versuchte das Schiff zu beschädigen. So ein Racker, dachte der Doktor, will uns hier torpedieren, der kleine Kerl. Obgleich die Angriffe ungefährlich waren, lenkte der Doktor sein Boot jetzt in eine andere Richtung. Schließlich wollte er vermeiden, dass sich der Stichlingsmann ernstlich verletzte. Denn dann hätten die vielen kleinen Stichlingskinder keinen Aufpasser mehr.

Das U-Boot entfernte sich, und siegesbewusst schwamm der kleine Stichling noch eine kurze Strecke hinter ihnen her. Was war das doch für ein mutiger, kleiner Geselle!

Jetzt wollte der Doktor wieder zur Wasseroberfläche auftauchen, weil es auch dort viel zu beobachten gab. Kleine Eierpakete schwammen dort herum. »Das sind die Eier der Mückenlarven«, erklärte der Doktor, »aber ich suche etwas anderes.« Schon bald hatte er etwas entdeckt, was ihn besonders interessierte. Über die Wasseroberfläche lief mit gespreizten Beinen ein schlankes, spinnenähnliches Tier und ging nicht unter.

»Pfui, eine Spinne«, rief Traute, »aber dass Spinnen auch auf dem Wasser herumlaufen, habe ich gar nicht gewusst.«

Aber der Doktor erklärte wieder:

»Es ist keine Spinne, sondern ein Insekt. Du kannst die beiden Tierklassen gut auseinanderhalten, wenn du die Beine zählst. Insekten haben sechs Beine, und die Spinnen haben acht. Dies da oben ist eine *Wasserwanze* oder – genauer gesagt – ein *Wasserläufer*.«

Alle drei blickten gespannt nach oben. Flink lief das Tierchen über die Wasseroberfläche, dann hielt es an und verhielt sich ganz ruhig. Die drei waren noch im Betrachten, da plumpste eine Fliege auf das Wasser. Sie schüttelte und bewegte sich wild, konnte sich aber nicht aus dem nassen Element befreien. Wie der Blitz stürzte die Wasserwanze auf die Fliege zu und machte sich über das arme Geschöpf her. Das ist die Nahrung der Wasserläufer. Sie müssen auf das warten, was von oben kommt und ins Wasser fällt.

Der Doktor erklärte weiter:

»Traute, du hieltest vorhin den Wasserläufer für eine Spinne und wundertest dich, dass Spinnen auf dem Wasser laufen. Der

Wasserläufer ist zwar keine Spinne, aber es gibt auch Spinnen, die im Wasser leben. Wir wollen mal sehen, ob wir auf dieses seltene Geschöpf stoßen.«

Wieder fuhr der Doktor kreuz und quer durch das Wasser, und lange Zeit konnte er nicht finden, was er suchte. Als er Frösche und Kaulquappen durch das Wasser schwimmen sah, sagte er:

»Wenn die Frösche abends ihr Quakkonzert beginnen, dann öffnen sie dabei nicht ihr breites Maul, sondern halten es dabei geschlossen. Nur ihre Kehlsäcke schwellen an und ab. Auch trinken sie nicht mit ihrem Maul. Ihre Haut nimmt das Wasser auf, das der Körper braucht. Denke dir, Traute, wenn du Milch trinken willst, lässt du eine Badewanne voll Milch laufen, nimmst darin ein Bad, und dein Durst ist gestillt.«

Da sauste plötzlich ein Insekt – ein *Gelbrandkäfer* – auf eine kleine *Kaulquappe* zu. Das arme Ding zappelte und versuchte sich zu retten, aber der Käfer hielt es fest und ließ sein Opfer nicht los. »Ein ganz gefährlicher Räuber«, sagte der Doktor, »wo der Gelbrandkäfer im Wasser haust, kann eine Fischzucht nicht gedeihen, denn der Teufelsbursche kann tauchen und frisst alles, was ihm in den Weg kommt. Halt, ich habe eine Idee.« Der Doktor überließ Dieter wieder das Steuer, und er selbst machte erneut das Torpedo zum Abschuss fertig. Eine ganze Weile zielte er, dann drückte er ab.

Das Geschoss war ein Volltreffer. Dort, wo zuvor dieser Käfer räuberte, schwammen nun lauter Käfersplitter umher. Aber auch die kleine Kaulquappe musste dran glauben. Aus der wäre doch nichts mehr geworden, tröstete sich der Doktor. Nun aber weiter auf der Suche nach der Wasserspinne.

Jetzt huschten kleine, grüne Kügelchen am U-Boot-Fenster vorüber. Dieter bat den Doktor, doch kurz anzuhalten, um diese Lebewesen genauer betrachten zu können. Der Doktor stoppte das Boot und erklärte:

»Es handelt sich um dieselben Lebewesen, wie wir sie damals im Wassertropfen sahen, nämlich um *Geißeltierchen*. Hier haben sich viele solcher Geißeltierchen zusammengetan, sind zu einer Kugel verwachsen und strudeln nun gemeinsam im gleichmäßigen Takt durch das Wasser. Ein seltsamer Anblick, nicht wahr? Aber nun wollen wir weiter nach der Wasserspinne suchen.«

An einem Pflanzenstengel entdeckte Dieter ein zierliches Gewächs, das er zunächst für eine Pflanze hielt. Nun aber bewegte sich das Wesen und gleich fragte er den Doktor:

»Ist das nun eine Pflanze oder ein Tier?«

»Ein Tierchen«, antwortete der Doktor, »als *Süßwasser-Hydra* wird das kleine, festgewachsene Lebewesen bezeichnet. Dessen Zweige sind Fangarme, womit die Hydra ihre Beute einfängt. Vorher betäubt sie die gefangenen Tiere. So eine Hydra hat nämlich Hunderte von kleinen Brennhaaren, ähnlich der Haare unserer Brennnesseln. Und diese kann sie abschießen. Wenn ein kleines Tier von derartigen Giftgeschossen getroffen wird, dann wird es betäubt und gefangen. Habt ihr schon mal eine Brennesselpflanze angefasst? Nehmt euch also vor der Hydra in acht, denn sie könnte euch gefährlich werden.«

Jetzt schwammen viele kleine Wasserflöhe nahe der Hydra umher. Der Doktor belehrte die Kinder, dass die Wasserflöhe keine Flöhe, sondern kleine Krebse seien. Aber ob Floh oder Krebs, ein armer Wasserfloh kam der Hydra zu nahe. Sofort wurden die Geschosse abgefeuert, und fast zu gleicher Zeit umfassten auch die Fangarme das Tierchen. Der Wasserfloh zappelte und wehrte sich, so gut er konnte, aber die Fangarme saßen fest. Jetzt wurde der bedauernswerte ›Floh‹ in den Schlund hinabgedrückt. Als aber die Beute im Innern der Hydra war, da schwoll diese mächtig an. Auch in ihrem Innern zappelte der Wasserfloh noch lange herum, sodass die Hydra ständig hin und her schwankte. Er rebellierte und wollte selbst im Bauch nicht sterben. Als auch nach einiger Zeit der gefressene Wasserfloh noch immer zappelte, bat Traute den Doktor, weiterzufahren. Zwar hätte er noch länger zuschauen mögen, jedoch musste er auf die sensible Traute Rücksicht nehmen. Aber plötzlich jubelte er:

»Herzlichen Dank, liebe Traute. Du hast mich um Weiterfahrt gebeten, und nun finde ich mitten im Pflanzengestrüpp das Nest der lange gesuchten *Wasserspinne*!«

Vorsichtig fuhr der Doktor näher heran. Zwischen Pflanzenstängeln wurde eine kleine Wasserglocke sichtbar. Eine dicke Wasserspinne saß inmitten der mit Luft gefüllten Glocke, denn außerhalb derselben könnte sie nicht atmen. Staunend betrachteten die drei das Schauspiel. Jetzt schien es der Spinne

unter der Glocke unbehaglich zu werden. Hatte die Achtbeinige das U-Boot bemerkt und befürchtete sie einen Angriff? Aber die Ursache ihrer Unruhe war viel natürlicher. Der Wasserspinne reichte die verbrauchte Luft unter ihrer Taucherglocke nicht mehr zum Atmen. Sie kletterte also in den oberen Teil der Glocke und knabberte das kunstvolle Gestell auf. Sofort stieg die schlechte Luft in Blasen nach oben. Nun klebte die Wasserspinne ihre Glocke wieder zu. Aber ach, die war jetzt voller Wasser. Die schlechte Luft war zwar entwichen, aber die Atemluft fehlte. Die Wasserspinne wusste sich jedoch zu helfen. Sie schwamm nach oben, holte in ihrem Haarfell kleine Luftbläschen nach unten und ließ diese unter ihrer Taucherglocke aufsteigen. So lange wurde die Arbeit fortgesetzt, bis die Glocke wieder mit Atemluft angefüllt war. Die drei Abenteurer konnten sich nicht satt sehen. Als sich jedoch die Spinne nicht mehr rührte, ließ der Doktor sein U-Boot weiterfahren.

Jetzt machte er die Kinder auf einen seltsamen, dunkelroten Wurm aufmerksam, der sich so merkwürdig am Boden hin und her bewegte, dass der Doktor das U-Boot stoppte. Er wusste natürlich, dass es ein Blutegel war, aber die Kinder hatten ein Lebewesen wie dieses noch nie zu Gesicht bekommen. An dessen Schwanzende befand sich ein Saugnapf, womit sich der Wurm am Stängel einer Wasserpflanze festsaugte. Dann schlängelte er seinen Körper weiter und wurde dabei ganz lang und dünn, bis er sich mit einem zweiten Saugnapf am Kopfende an einer anderen Stelle festgesaugt hatte. Nun ließ er sich an dem Schwanzende los, zog seinen Körper nach, der dabei ganz kurz wurde und aufquoll. Erst jetzt saugte er sich wieder mit dem hinteren Saugnapf fest. So wiederholte sich das Spiel immerfort und der Blutegel kam langsam voran.

Plötzlich aber ließ er mit beiden Saugnäpfen los und

schlängelte sich schwimmend durch das Wasser. Er hatte nämlich vier riesige ›Türme‹ entdeckt, die nach oben aus dem Wasser ragten. Das waren die Beine einer in diesem flachen Gewässer stehenden Kuh. Das U-Boot fuhr nun dem Blutegel hinterher. Als der die ›Türme‹ erreicht hatte, machte er mit seinen drei Kiefern – die wie Kreissägeblätter geformt waren – drei feine Schnitte in eines der Kuhbeine. Dann spritzte er eine Flüssigkeit hinein, damit das Blut nicht gerinne. Nun saugte und saugte der Blutegel, das warme Nass schien ihm gut zu schmecken. Einmal im Vierteljahr sich an Blut sättigen zu können, das hatte er gewollt. Erst nach einigen Monaten würde er wieder Appetit auf neues Blut verspüren.

Die Kuh aber stapfte unbeirrt weiter durch das flache Wasser, das dadurch aufschäumte und das U-Boot hin und her warf. Der Doktor hatte viel Mühe, das Fahrzeug wieder in seine Gewalt zu bringen.

Dieter wollte nun wissen, was als Nächstes auf dem Programm stehe, aber der Doktor meinte:

»Kinder, wir müssen wieder an Land, denn unsere Frist ist gleich um und mitten im Wasser wollen wir gewiss nicht wieder groß werden. Kannst du überhaupt schwimmen, Traute?«

Traute bejahte das voller Stolz, aber trotzdem steuerte der Doktor sein Schiff dem Landeplatz zu, öffnete vorsichtig die Luke und befestigte sein Fahrzeug am Steg. Dann stiegen die drei aus und gingen an Land. Sie setzten sich auf einen Stein und warteten auf ihr Größerwerden. Es dauerte einige Zeit, der Doktor war vorsichtshalber etwas zu früh ausgestiegen. Bald aber setzte wieder das Prickeln im Körper ein, wie die in einem Glas Wasser aufsteigende Kohlensäure. Als sie dann ihre normale Größe erreicht hatten, gingen Dieter und Traute wie jedes Mal schweigsam nach Hause. Die heutigen Erlebnisse kreisten noch immer in ihren Köpfen herum. Erst am nächsten Tag würden beide ihre Erinnerungen darüber austauschen.

7

MIT DEM U-BOOT DURCHS MEERWASSER

Was war das doch für eine tolle U-Boot-Fahrt mit dem Doktor! Wie fürsorglich und tapfer war das Stichlingsmännchen und wie seltsam das Leben einer Wasserspinne! Und solche wunderbare Gestalten kommen in jedem Tümpel vor. Dieter machte immer große Augen, wenn er mal an einem kleinen Teich vorbei kam. Zu einem Mitschüler sagte er einmal:

»Weißt du eigentlich, was sich da drinnen im Wasser alles abspielt? Nichts wie Mord und Totschlag, Krieg und Kampf, eine Spinne baut sich darin eine Taucherglocke, und ein Fischvater passt ganz allein auf seine vielen hundert Kinder auf. In jeder noch so kleinen Wasserpfütze gibt es die wunderlichsten Dinge zu sehen.«

Aber der Schulfreund schaute Dieter ganz verwundert an und hielt ihn für einen Spinner. Aber zum Glück konnte Dieter mit seiner Schwester über alles sprechen, es war gut, dass sie immer dabei war.

Die Geschwister wollten sich gerade wieder mit dem Doktor verabreden, als etwas Unvorhergesehenes dazwischen kam. Sie sollten nämlich in den Schulferien zur Erholung an die Nordsee verschickt werden. Wie hätten sie sich früher über diese Nachricht gefreut! Aber jetzt zeigten sie sich davon gar nicht begeistert. Gewiss gab es auch an der Nordsee manch Interessantes zu sehen, aber Naturwunder, wie die mit dem Doktor erlebten, konnte ihnen niemand außer ihm zeigen. Eine Freizeit ohne ihn – und sei sie noch so kurz – wäre wirklich langweilig. Nur mit Doktor Kleinermacher konnte man echte

Abenteuer erleben.

Dieter und Traute beschlossen, so lange auf ihre Eltern einzureden, bis die davon absahen, ihre Kinder in ein Ferienlager an der Nordsee zu schicken. Aber wie fängt man so etwas an? Jedenfalls mussten sie ihre Freundschaft zum Doktor geheim halten. Sie planten daher, von ihm Rat einzuholen.

Als sie bei ihm auftauchten, lächelte er die beiden so vergnügt an, dass sie davon überzeugt waren, von ihm gut beraten zu werden. Der Doktor aber sagte:

»Kinder, lasst euch doch ruhig an die Nordsee schicken. Das passt nämlich recht gut zu meinen eigenen Plänen. Ich empfehle euch daher, fahrt hin, ihr werdet diesen Schritt bestimmt nicht bereuen.«

Will der Doktor uns vielleicht loswerden?, dachten beide. *Aber das kann nicht sein, denn wir haben uns doch immer so gut verstanden. Jedenfalls sollten wir auf seinen Rat hören.*

Es war der Tag ihrer Abreise. Dieter und Traute wurden von ihren Eltern zum Bahnhof gebracht. Es gab einen tränenreichen Abschied, die Mutter gab den beiden noch viele Ermahnungen mit auf den Weg, dann rollte der Intercity Express langsam aus dem Bahnhof. Die Eltern rannten noch ein Stück bis zum Ende des Bahnsteigs mit, und dann verschwanden sie vor den Augen ihrer Kinder.

Kaum hatte sich der Zug in Bewegung gesetzt, da öffneten sie schon die Tasche mit dem Reiseproviant und genossen die lecker belegten Brötchen, später auch den Topfkuchen, den ihre Mutter gebacken hatte. Dann beschäftigte sich jeder mit seinem Smartphone, wobei sich Dieter besonders mit dem Fahrplan und den einzelnen Stationen bis zum Zielbahnhof beschäftigte.

So ging die Zeit dahin. Einige der anderen Kinder in dem großen ICE-Wagen waren schon eingeschlafen, als der Zug hielt und eine Rotkreuz-Schwester ausrief:

»Kinder, alles aussteigen, wir sind angelangt. Das letzte Stück fahren wir mit einem Motorschiff.«

Nun entstand großer Lärm unter den vielen Kindern, die alle ihre Ferien in einem Kinderheim verbringen sollten. Alle setzten ihre Rucksäcke auf oder nahmen ihre Reisetaschen und stiegen aus. Auf dem Bahnsteig mussten sie sich zunächst in Reih und Glied aufstellen, dann marschierten sie durch die kleine ostfriesische Stadt.

Nach einer Straßenbiegung erreichten die Kinder endlich den Hafen und erblickten die Nordsee. War das ein Erlebnis, vor allem für die Stadtkinder! So viel Wasser hatten so manche noch nie gesehen und ihr Mund blieb vor Staunen offen. Das Meer reicht bis zum Horizont, wo Himmel und Erde ineinander übergehen.

Eine riesige Schar müder Kinder bestieg das Motorschiff, und als es ablegte, blickten alle ständig über die weite Fläche des Meeres hinweg. Die Sonne neigte sich bereits dem Horizont zu, nur noch einen Finger breit standen Sonne und Meer voneinander entfernt. Immer tiefer sank die Sonne, dann berührten sich Feuer und Wasser. Traute zupfte ihren Bruder am Arm und sah ihn schelmisch lachend an: »Du, Dieter, jetzt wird gleich das Wasser zischen.« Natürlich verschwand die Sonne hinter dem Horizont, ohne dass ein Zischen zu hören war.

Die ersten Tage verbrachten die Kinder in ihrem Kinderheim noch voller Erwartung und Neugierde. Das Meer sah jeden Tag anders aus, mal still und durchsichtig, dann wieder grau und mit tobenden, sich überschäumenden Wellen. Am Strand konnten sie Sandburgen bauen oder Wasserkanäle anlegen, und das Herumtollen in den Dünen machte allen viel Spaß. Und über ihre jungen Betreuerinnen konnten sie sich nicht beklagen, die waren wirklich sehr nett.

Täglich gingen Dieters und Trautes Blicke über das Meer, wobei sie sich immer wieder fragten, wie es dem Doktor Kleinermacher inzwischen ergehen mag. Ob er jetzt wohl ganz allein weitere Exkursionen unternimmt? Ob er überhaupt noch an sie denkt oder sich darüber freut, sie eine Weile losgeworden zu sein?

Zwei Tage darauf legte wieder ein großes Motorschiff an. Die Fahrgäste stiegen aus und da – es war kaum zu glauben – erschien unter ihnen auch Doktor Kleinermacher! Hurra, unser Doktor ist eingetroffen! Dieter und Traute fielen dem alten Mann so um den Hals, dass er kaum Luft bekam. Für wieviel Tage besuchst du uns? Bleibst du solange hier wie wir? Hast du dich auch so nach uns gesehnt wie wir nach dir? Und hast du auch dein U-Boot mitgebracht?

Der Doktor hatte alles dabei, auch das U-Boot. Er konnte zwar nicht lange bleiben, aber er wollte wenigstens *ein* Abenteuer mit den beiden Kindern erleben. Morgen Nachmittag sollten sie an der letzten Düne im Westen auf ihn warten. Dort würden sie vor Zuschauern sicher sein. Darauf verabschiedeten sie sich und der Doktor machte sich auf den Weg zu seiner Ferienwohnung.

In der Nacht konnten die beiden Kinder keinen Schlaf finden, und am nächsten Tag konnten sie vor Aufregung kaum etwas essen. Aber dennoch erschienen sie frisch und munter am verabredeten Treffpunkt, wo sie der Doktor bereits erwartete. Wieder hatte er einen provisorischen Landungssteg errichtet. Da das Wasser am Ufer sehr flach war, hatte er einen kleinen Kanal in den Sand gegraben. Auch lag das U-Boot schon im Wasser und war am Steg festgebunden.

»Schnell die Wunderflasche her«, rief Dieter erwartungsvoll. Lächelnd füllte der Doktor daraus das Wunderwasser in die von ihm ebenfalls mitgebrachten Becher bis zur Strichmarke 3, worauf jeder seine Menge schluckte.

Wieder schrumpften die drei auf Größe einer Büroklammer, bis ihnen die Dünen wie riesige Gebirge erschienen. Aber für die Betrachtung des trockenen Sandes reichte die Zeit nicht und dazu hatte auch niemand Lust. Nun rasch auf den Landungssteg und dann in das U-Boot hinein! Beinahe wäre Dieter vor lauter Hast ins Wasser gefallen. Der Doktor schloss die Klappe, setzte sich ans Steuer, startete den Motor und es ging los.

Sicher und ruhig fuhr das U-Boot durch die Brandung und erreichte bald tiefere Stellen. Dieter und Traute saßen am Fenster und sahen sich die Unterwasserwelt an. Der Blick war klarer und ging weiter als im trüben Wasser des Teichs am Imkerhaus. Muschelschalen trieben im Wasser umher, und Krabben bewegten sich über den Meeresboden.

»Da, eine kleine niedliche Krabbe«, deutete Traute mit dem Finger. Der Doktor konnte es nicht unterlassen, schon zu Beginn der Fahrt mit seinen Belehrungen loszulegen. Aber er wusste ja, die Kinder hörten ihm gerne zu:

»Die kleinen niedlichen Krabben sind gar keine Krabben. Die Fischer bezeichnen nämlich auch *Garnelen* als Krabben. Wie ihr seht, schwimmen sie überall herum, vorwärts wie auch rückwärts, stoßen vor und ziehen sich sofort zurück, wenn sie bedroht werden. Wenn die großen, echten Krebse etwas fressen, dann fliegen die Fleischreste überall herum. Und darauf haben es die Garnelen abgesehen. Sie sind gewissermaßen die Saubermacher des Meeres. Daher setzt man in größere Salzwasser-Aquarien immer einige Garnelen hinzu, denn die halten das Becken sauber und verzehren das, was die großen Krebse übrig lassen. Manchmal stehlen sie auch einem größeren Krebs die Nahrung vorm Maul weg. Dann müssen sie sich aber schnell zurückziehen, sonst werden auch sie gefressen. Die echten Krabben, also die *Taschenkrebse*, sind alles andere als niedlich. Aber dafür können sie etwas anderes. Seht nur den Taschenkrebs dort, wie der läuft!«

Richtig, die Kinder sahen zu ihrem Erstaunen, wie die Krabbe nicht nach vorn, der Nase nach, sondern immer seitwärts lief. Die Krabben sind Seitwärtsgänger. Komisch, dass der Volksmund daraus nichts gemacht hat? Das wäre doch ganz nett, wenn man sagen wollte, der schlägt sich seitwärts in die Büsche wie eine Krabbe. Da macht man viel mehr Aufhebens von dem Rückwärtsgehen der großen Krebse, und dabei gehen die großen Krebse gar nicht rückwärts. Nur manchmal, wenn sie sich in ihr Versteck zurückziehen, kriechen sie in dem berühmten Krebsgang rückwärts, der gar kein natürlicher Krebsgang ist. Aber die niedlichen Garnelen schwimmen vorwärts und rückwärts, davon spricht kein Mensch.

Während der andauernden Unterhaltung über dieses und jenes kreuzte das U-Boot durch das Meer. Jetzt steuerte der Doktor auf einen besonderen Krebs zu, den er als *Einsiedlerkrebs* bezeichnete. Die Kinder sahen, wie sich der Krebs über eine Meeresschnecke hermachte. Mit seinen Scheren riss er das arme Tier so gierig aus dem Gehäuse, dass dessen Fleischstücke überall herumschwammen. Die Schnecke war schon längst tot, aber und noch immer säuberte der Krebs das Gehäuse und entfernte alle Überreste aus der Schale. Nun erkannten die Kinder, warum der Krebs die Schnecke aus ihrem Gehäuse herausgerissen hatte. Der Einsiedlerkrebs darf sich nämlich nicht wie andere Krebse auf seine Rüstung verlassen, denn er besitzt einen weichhäutigen, sackförmigen Hinterleib mit klammerartigen Füßchen. Diesen empfindlichen Körperteil steckt er in eine Schneckenschale und hält sich mit den Klammerfüßchen an der Schneckenspindel fest. Unserem Einsiedlerkrebs war nun seine Schale etwas zu eng geworden, und er war gezwungen, sich ein neues Haus zu suchen. Das hatte er jetzt gefunden, aber damit war der Raubritter noch nicht zufrieden. Immer sein Gehäuse hinter sich her ziehend, rannte er unruhig auf dem Meeresgrunde auf und ab. Da, jetzt endlich hatte er das gefunden, wonach er suchte. Schnurstracks krabbelte er auf eine ›Seerose‹ zu. So nannte nämlich Dieter dieses Wesen, weil es wie eine schöne Blume aussah und festgewachsen war wie eine Pflanze. Aber der Doktor klärte die Kinder auf, dass das Wesen zwar als *See-Anemone* bezeichnet werde, allerdings ein Tier sei. Inzwischen war der Einsiedler-krebs bei der See-Anemone angelangt. Vorsichtig trennte er sie mit seinen Scheren vom Untergrunde ab, hob sie empor und verpflanzte sie auf seine Schneckenschale. Was hatte denn das wieder zu bedeuten? Aber bald sollten die Kinder erkennen, wie wichtig für ihn eine See-Anemone auf dem Haus ist. Ein größerer Krebs nahte sich jetzt dem neuen Bewohner des Schneckenhauses und wollte den Fremdling herausziehen. Das aber duldete die See-Anemone nicht. Mit ihren Nesselbatterien – die Kinder kannten die gefährliche Einrichtung schon von der Süßwasserhydra im Teich – spritzte sie den großen Krebs

so gewaltig an, dass der sich eiligst zurückzog. Die Rosen haben Dornen, und die See-Anemonen haben Brennesselspritzer, die äußerst unangenehm wirken. Gut, der Einsiedlerkrebs braucht also die See-Anemone, weil diese seine Feinde durch Säureverspritzen vertreibt. Warum aber beschützt die See-Anemone den Krebs? Was sind ihre Vorteile in dem Tierbündnis?

Die Kinder sollten es bald erfahren. Der Doktor steuerte sein U-Boot immer in der Umgebung des Einsiedlerkrebses herum, und jetzt beobachteten die drei, wie der Krebs sich über einen Wurm hermachte. Dabei lösten sich Fleischfetzen ab, die von den wie Blütenblätter aussehenden Fangarmen der See-Anemone ergriffen und in ihren Schlund befördert wurden. Aha, die See-Anemone ist festgewachsen. Sie kann die Nahrung nicht aufsuchen und muss warten, bis die Nahrung zu ihr kommt. Nun trägt sie der Krebs auf der Muschelschale herum, von einem Ort zum andern, und wenn der Krebs frisst, dann fliegen die Fleischbrocken direkt in das Maul der See-Anemone. Der Krebs ist zwar ein übler Bursche, aber durch ihn bekommt sie ihre Nahrung und darum beschützt sie ihn.

Der Doktor erzählte den Kindern, dass in anderen Meeren manche Krebse sich so sehr auf die See-Anemonen verlassen, dass sie sich erst gar keine Schneckenschalen aussuchen. Sie verzichten sogar auf ihre Scheren als Waffen. In jeder Schere tragen sie eine kleine See-Anemone vor sich her wie zwei Blumentöpfe, und davor haben die Feinde mehr Angst als vor den nackten Scheren.

Auf ihrer weiteren U-Boot-Fahrt sahen sie viele Muscheln herumliegen. Manche lagen weit geöffnet da, andere wiederum waren geschlossen. Traute meinte: »Die so zusammengeklappt daliegen, sind die wohl tot?«

Aber der Doktor sagte, es sei gerade umgekehrt. Wenn die Muschel nämlich ihre Schalen zusammenpresst, dann muss sie ihre Muskeln anstrengen. Lange hält sie das nicht aus, irgendwann muss sie die Schalen wieder öffnen. Wenn die Muschel aber tot ist, dann erschlaffen die Muskeln, und alle toten Muscheln liegen mit offenen Schalen da.

Langsam steuerte der Doktor an eine nur halb geöffnete Muschel heran. Kein Leben schien mehr in dem Tier zu sein. Das weiche Muschelfleisch regte und rührte sich nicht. Aber jetzt, deutlich bemerkte Dieter einen schwachen Pulsschlag der Muschel. Sollte er sich geirrt haben? Lange achtete er darauf, aber der Pulsschlag wiederholte sich nicht. Da, endlich wieder! Dieter fragte:

»Liegt die Muschel hier im Sterben? Wenn ihr Herz derart langsam schlägt, dann wird es wohl schon bald mit ihr aus sein?«

Der Doktor erklärte:

»Nein, nein, in allen Muscheln schlägt das Herz so langsam. Es gibt kaum noch Tiere mit solch trägem, langsamem Pulsschlag. Es gibt überhaupt kaum noch Tiere, die so wenig Gehirn haben wie die Muscheln. Ich möchte sagen, die Muscheln sind die dümmsten Tiere. Es gibt aber noch leblosere Tiere, wie zum Beispiel die Schwämme. Wozu auch sollten Muscheln klug sein? Wenn sie Wasser einziehen, dann atmen, fressen und trinken die Tiere gleichzeitig. Dem Wasser entziehen sie die Luft zum Atmen, und von vielen kleinen, überall herum schwimmenden Lebewesen ernähren sie sich. Zwar wachsen sie nur sehr langsam, aber sie wachsen. Denn die Muscheln werden sehr alt und haben viel Zeit zum Wachsen. Nur manchmal zeigen sie Lebenskraft. Wenn nämlich ein Feind

100

naht, dann machen sie ihre Klappe zu, und der Räuber steht vor verschlossenen Türen. In den Tropen gibt es übrigens ganz riesige Muscheln, so groß wie eine Badewanne. Wenn die ihre Riesenschalen zumachen, dann darf kein Feind dazwischen sein, er würde nämlich zermalmt. Eine menschliche Hand zum Beispiel zwischen den Schalen wird mühelos abgeknipst.«

»Und wie kommen Perlen in die Schalen? Wachsen die darin? Oder ist das auch ein Märchen?«, wollte Dieter wissen.

»Die Perlen wachsen wirklich in den Schalen«, erklärte der Doktor. »Die alten Inder glaubten, wenn eine Göttin Tautropfen vom Himmel regnen lasse, dann kämen die Muscheln an die Meeresoberfläche, fingen die Tautropfen auf, ließen sie von den Sonnenstrahlen befruchten, und dann wüchsen aus den göttlichen Tautropfen die berühmten Perlen. So schön wie im Märchen ist aber die Entstehung der Perlen nicht. Kommt nämlich etwas Schmutz zwischen die Muschelschalen, dann versuchen die Muscheln, den Fremdkörper mit Perlmutt zu überwachsen. Es dauert Jahre, aber schließlich werden daraus Perlen. In Japan will man heute nicht mehr so lange warten, bis zufällig Schmutz in die Muschel kommt und man zufällig gerade eine solche Perle findet. Daher führt man mit einer Pinzette in die Muschel künstlich einen Fremdkörper ein; nach einigen Jahren öffnet man dann die Schalen wieder und findet darin – wenn man Glück hatte – eine Perle. Dabei geht es jedoch um die Frage, ob dies nun eine künstliche oder eine natürliche Perle sei.«

Es war keine Zeit mehr zu einer Klärung dieser Frage. Die Kinder entdeckten jetzt, wie ein *Seestern* mit seinen hundert kleinen, kurzen Füßen langsam auf die Muschelschale zukroch. Der Seestern war schön farbig, besaß aber nichts, was einer Waffe glich. Wollte er die Muschel fressen? Das würde ihm wohl kaum gelingen. Immer mehr näherte sich der Seestern der Muschel, jetzt war er dicht bei ihr, und schwapp, die Muschel klappte ihre Schalen zu. So leicht kam er also nicht an das weiche Muschelfleisch. Es war sein Glück, dass keiner seiner Arme zwischen die Schalen geraten war, dann wäre der gewiss abgeknipst worden.

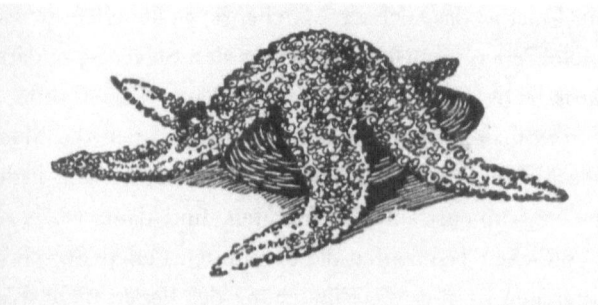

Der Seestern kam zwar zu spät, aber er ging noch nicht weiter. Er wusste so gut wie Doktor Kleinermacher, dass die Muschel nicht ständig ihre Schalen zusammenhalten kann, denn das erforderte Muskelkraft, die irgendwann erlahmte. Geduldig hielt er bei der Muschel Wache. Auf einmal glaubte er, dass seine Zeit gekommen sei. Mit zwei seiner Arme saugte er sich an der unteren Schale fest, und drei andere Arme umklammerten die obere Schale. Dann riss er langsam die Schalen auseinander.

Gut, lieber Seestern, aber was nun? Dein Mund ist klein, sehr klein, und Zähne hast du auch nicht. Wie willst du denn die große Muschel verzehren? Aber der Seestern konnte das. Aus seinem kleinen Mund zwängte er seinen Magen heraus, stülpte ihn um, zwängte ihn durch den schmalen Spalt zwischen den Muschelschalen und verdaute die Muschel außerhalb seines eigenen Körpers. Dann zog der Genießer gut verdaut alles wieder ein.

Es war kein Wunder, dass der Doktor immer wieder vom Seestern erzählen musste. Wenn man dem Burschen einen Arm abschneidet, dann wächst ihm wieder ein neuer Arm nach. Aber noch mehr, aus dem abgeschnittenen Arm wächst sogar ein neuer Seestern heran. Ist das nicht merkwürdig, Kinder? Durch seinen Körper pumpt sich der Seestern immerfort das salzige Meerwasser, das sei genauso gut wie Blut, jedoch habe er auch richtiges Blut.

Auf dem tiefen Meeresgrunde wachsen entfernte Verwandte des Seesterns, die *See-Lilien*. Ihre Nahrung besteht aus Resten aller Art, die von oben auf sie herunterfallen. Was in den geöffneten Schlund hineinfällt, wird verzehrt. Sie kommen nicht um und verhungern nicht. Alle möglichen Speisereste fallen in ausreichender Menge hinunter auf den Meeresgrund.

Ein weiterer Verwandter des Seesterns ist der *See-Igel*. Der Land-Igel kann sich zusammenrollen, wenn Gefahr naht, der See-Igel aber bleibt ewig zusammengerollt, nie kann er sich aufrollen, denn sein Körper ist eine geschlossene Kugel. Und dennoch wird der arme Kerl gefressen. Und von wem? Von dem gefräßigen Seestern, seinem Verwandten. Eine nette Verwandtschaft!

Unter Vergrößerungsgläsern beobachteten die drei Abenteurer die kleinsten Lebewesen des Meeres. Da schwammen niedliche, wie Schnecken aussehende Tiere, aber viel farbenprächtiger als diese, durch das Wasser. Ihr Panzer besteht aus Kalk und Kreide. So zahlreich sind sie, dass in Urzeiten die Kammern der toten Tiere in solchen Massen auf dem Meeresgrund zusammenbackten, dass später, als der Meeresgrund emporgedrückt wurde, ganze Gebirge aus den Panzern jener

Tiere gebildet wurden.

Da schwimmen aber noch andere Kleinstwesen durch das Wasser. Das Skelett dieser Kreaturen sieht noch feiner, noch kunstvoller und noch schöner aus. Die Kinder hatten bereits erfahren, dass am prächtigsten und schönsten die allerkleinsten Lebewesen sind. Ihr Gitterpanzer besteht aus Kieselsäure, weshalb man sie *Kieselalgen* nennt. Auch diese Panzer lagerten sich auf dem Meeresgrunde ab. Man hat dort mächtige Lagerungen dieser so genannten *Kieselgur* entdeckt und sie unter anderem zur Herstellung von Sprengstoffen verwendet. Der Forscher Alfred Nobel vermischte die Kieselgur mit dem gegen Erschütterung äußerst empfindlichen und daher höchst gefährlichen Spreng-Öl, dem *Nitroglyzerin*; er nannte den dadurch entstandenen Stoff *Dynamit*. Das Leben ist so komisch. Unter dem Mikroskop erblickt der Mensch die schönste aller Welten, und er macht nichts Besseres daraus als einen Sprengstoff. Der Erfinder Nobel ist durch die Erfindung des Dynamit sehr reich geworden.

Aber nun die Vergrößerungsgläser wieder in die Ecke gestellt! Dort schwimmt ja ein urkomisches Wesen heran. Wie Glas ist der Körper, so durchsichtig, aber auch so weich wie Sülze. Das Tier ähnelt einer Glocke. Am Glockenrand hängen aber noch Bänder herab. Wenn nun dieses Tier – eine *Qualle* – durch das Wasser schwimmt, dann drückt es Wasser aus der Glocke heraus und schwimmt so durch den Rückstoß vorwärts. Die Glocke zugedrückt und aufgespannt, immer im Wechsel, so schwimmt die Qualle – wabbelig und wie ein umgestülpter Wackelpudding aussehend – durchs Meer.

»Ein Glück«, sagte der Doktor, »dass wir in unserem U-Boot sind. Wären wir nämlich draußen, dann würde die Qualle ganze Nesselbatterien auf uns abschießen, und wir müssten elendig absaufen. Überall im Wasser gibt es diese gefährlichen Nesselbatterien, die genau wie Brennesseln wirken. Noch merkwürdiger ist das Familienleben der Quallen. Die Nachkommen der Qualle nämlich schwimmen nicht so lustig umher, sondern sie lassen sich nieder, wachsen am Boden fest und sehen dann ungefähr so aus wie See-Anemonen. Erst die Kinder dieser Kinder, man nennt die Zwischeneltern *Polypen*, werden wieder zu Quallen. Die Polypen zerfallen nämlich nach einiger Zeit in lauter Scheiben, und aus jeder Scheibe entwickelt sich eine Qualle. Man spricht hier von einem Generationswechsel. Den hat übrigens der Schriftsteller Adalbert von Chamisso als Erster entdeckt. Nun aber rasch ans Land, es wird höchste Zeit!«

Der Doktor steuerte sein U-Boot wieder dem Strand zu. Keinen einzigen Torpedo hatte er abschießen müssen, und keiner einzigen Gefahr sind sie ausgesetzt gewesen. Der Doktor war recht stolz darauf, dass seine Abenteuer jetzt so gefahrlos verliefen. Dieter sehnte sich allerdings wieder nach einem handfesten, gefahrvollen Abenteuer. Das regt tüchtig auf, und lebensgefährlich ist das auch nicht, denn der Doktor ist schließlich immer dabei.

Sicher landeten die drei an ihrem kleinen Steg, stiegen aus und warteten auf ihr Wachstum. Gerade wollte Dieter sagen, dass man wohl zu früh ausgestiegen sei. Vielleicht könnte man noch schnell einen kleinen Abstecher machen, da begann es auch schon sich in ihren Körper zu regen. Die drei wuchsen über das Zwergendasein hinaus, der Doktor ging zum Wasser, beugte sich, nahm das U-Boot in die Hand und verbarg es in seiner Umhängetasche.

Wie üblich gingen die drei wortlos in ihr Quartier zurück. Zum Abschied sagte der Doktor noch: »Also morgen um die gleiche Zeit, wieder an der gleichen Stelle.«

8

DAS BESCHÄDIGTE U-BOOT

Mit einem Mal fanden Dieter und Traute das Meer wie auch den Strand ganz wunderbar, und ihre Verschickung an die Nordsee hatten sie nicht bereut, denn nun war der Doktor wieder bei ihnen. Ohne ihn wäre es hier stinklangweilig gewesen.

Am nächsten Tag erschienen beide zur vereinbarten Zeit hinter der letzten Düne. Sie mussten nicht lange warten, denn der Doktor war immer pünktlich. Er begrüßte seine jungen Freunde, holte dann aus seiner Tasche das U-Boot, die Wunderflasche und die Messbecher heraus und machte alles für ein neues Abenteuer bereit. Als er mitten in den Vorbereitungen war, klopfte er sich plötzlich an die Stirn und sagte:

»Leider habe ich nur einen einzigen Torpedo für unsere Unterwasserfahrt eingepackt, aber das ist zu wenig. Wenn ich den nämlich notgedrungen abgeschossen habe und uns dann noch eine weitere Gefahr droht, dann wären wir völlig wehrlos. Nein, Vorsicht ist die Mutter der Porzellankiste. Ich gehe nochmal zurück und hole noch zwei weitere Torpedos. Wartet hier derweil auf mich, ich lasse das U-Boot und die Wunderflasche hier, passt gut auf beides auf, in einer guten Viertelstunde bin ich wieder da.«

Die Kinder waren nun allein und unterhielten sich über die Kräfte des Wunderwassers. Dieter meinte, mit dem Wunderwasser könnte man weite Reisen machen, ohne viel Geld für Fahrkosten auszugeben. Der Doktor löse eine Fahrkarte, vorher verberge er Dieter und Traute als Zwerge in seiner Reisetasche und steige so mit ihnen in die Bahn. Der

Zugschaffner würde sie dann nicht bemerken. Auf alle Fälle sollte man das mal ausprobieren. Ob der Doktor da wohl mitmachen würde?

»Und was ist, wenn wir unterwegs wieder größer werden? Dann würde uns die Reisetasche erdrücken oder wir müssen sie mit unseren Körpern sprengen. Ne, schlag dir das mal aus dem Kopf. Außerdem würde sich der Doktor kaum auf einen derartigen Betrug einlassen.«

»Du hast mal wieder recht. Aber ich habe eine noch bessere Idee: Wir könnten mit dem Doktor nach Afrika oder nach Indien reisen, dort großen Tieren wie Giraffen oder Nashörnern etwas von dem Wunderwasser zu trinken geben, damit die sich dadurch verkleinern. Nachdem sie in kleinen Taschen nach Hamburg transportiert wurden, erreichen sie wieder ihre ursprüngliche Größe und der Doktor könnte sie für viel Geld an Zoos verkaufen.«

Traute war damit schon eher einverstanden, und Dieter wollte gleich einen Versuch wagen. Hinter der Düne gab es nämlich eine Wiese, auf der eine Kuh weidete. Langsam ging Dieter auf das Tier zu, und vorsichtig spritzte er auf das Gras, das die Kuh fressen wollte, etwas von dem Wunderwasser. Die Wirkung sollte sich gleich darauf bemerkbar machen. Die Kuh machte dreimal laut ›muuh‹ und lief dann aufgeregt im Kreis herum. Dann stapfte sie auf Dieter zu, der einen Angriff befürchtete und einige Schritte zurückging. Dann aber sah er, wie das Gebrüll immer leiser wurde und das Tier nach und nach einschrumpfte. Schließlich war die Kuh so klein geworden, dass Dieter dieses ›Riesenspielzeug‹ mit nur einer Hand aufheben konnte. Die niedliche, kleine, und sehr ängstliche Kuh hielt Dieter in die Höhe, und Traute rief immerzu: »Was für eine niedliche Kuh; ach, sie ist ja so süß!«

Mit ihrem neuen Spielzeug rannten die Kinder zu ihrem alten Platz zurück. Dort setzte Dieter das Tier neben dem U-Boot ab, und beide amüsierten sich darüber, wie die kleine Kuh zunächst zwischen den hohen Gräsern der Düne hin und her trippelte. Da erblickte sie das U-Boot und wollte einsteigen. Dieter und Traute konnten sich vor Lachen nicht halten. Da – ein Fehltritt, und die kleine Kuh plumpste durch die Luke in das Innere des Unterwasserschiffs.

Dieter und Traute hörten gleich mit dem Lachen auf. O weh, das durfte nicht sein. Vielleicht richtete das kleine Tier im Innern des Bootes Unheil an oder kam selber zu Schaden. Auf jeden Fall musste das Tier wieder herausgeholt werden. Sie hielten ein paar Gräser vor den Eingang, um die Kuh damit herauszulocken. Aber von der war nichts mehr zu sehen. Nur ein leises ›Muhen‹ erklang aus dem U-Boot. Das Tier lebte also noch. O Gott, wenn das der Doktor sehen würde! Wäre es dann wohl mit ihrer Freundschaft aus?

Als alles nicht helfen wollte, nahm Dieter das kleine U-Boot in die Hand, drehte es herum, die Luke nach unten, um der Kuh den Ausgang zu erleichtern, aber ohne Erfolg. Daraufhin schüttelte Dieter das U-Boot mit beiden Händen. Das dumme Vieh musste doch herausfallen, aber alle Versuche waren vergebens. »Was machen wir jetzt?, schrie er, »au weia, wenn jetzt der Doktor kommt!«

Und der Doktor kam. Traute weinte aus Furcht, und Dieter war rot vor Aufregung und Scham. Stotternd berichtete er dem Doktor – der jetzt richtig böse war – von seinem Leichtsinn.

»Ich dachte immer, ihr seid schon kleine Erwachsene und vernünftig. Nun muss ich feststellen, dass ihr richtig dumme Gören seid. Euch darf man tatsächlich nicht allein lassen. Aber jetzt ist keine Zeit zum Schimpfen und wir müssen uns bemühen, das Vieh herauszuholen.«

Er versuchte alles, was auch Dieter schon gemacht hatte, aber erfolglos. Dann sagte er:

»Es hilft alles nichts, wir müssen das U-Boot auseinandernehmen. Ich laufe schnell zurück und hole mein Werkzeugetui. Ich beeile mich, wartet hier auf mich, macht aber inzwischen keine weiteren Dummheiten!«

Der Doktor rannte davon, und Dieter setzte die Versuche zur Befreiung der Kuh fort, immer wieder ohne Erfolg. Dann traf der Doktor mit seinem Werkzeug ein und wollte gerade anfangen, sein Kunstwerk auseinander zu nehmen, als er sich an die Stirn tippte und ausrief:

»Zu dumm, auf die einfachste Lösung bin ich infolge der ganzen Aufregung nicht gekommen. Ich trinke jetzt von dem Wunderwasser, gehe dann selbst ins U-Boot hinein und treibe die Kuh hinaus.«

Aber dazu kam es nicht mehr. Gerade als er den Becher mit dem Wunderwasser an den Mund setzte, da begann es im U-Boot verdächtig zu knacken und zu krachen. Dann brach das kleine Kunstwerk in der Mitte auseinander, und heraus wuchs eine immer größer werdende Kuh. Sie hatte bei ihrem Wachstum das U-Boot von innen aufgesprengt.

Vor Schreck glitt dem Doktor die Wunderwasserflasche aus der Hand, sie plumpste auf einen Stein und zerbrach, wobei die kostbare Flüssigkeit im Sand versickerte. Der Doktor hielt sich vor Kummer die Hände vors Gesicht, Traute weinte still vor sich hin und Dieter wurde kreidebleich. So ein Unglück!

Die Kuh aber fühlte sich in ihrer neuen Größe nicht wohl. Sie *muhte* laut und klagend, denn beim Größerwerden und Zersprengen des metallenen U-Bootes hatte sie sich erheblich verletzt. Sie humpelte deshalb von Schmerzen geplagt davon, wobei sie Traute und Dieter umstieß, sodass beide in den Sand kullerten. Dieter riss sich wieder zusammen und rief laut klagend: »Ich Dummbeutel bin an allem schuld, ich habe großes Unheil angerichtet und will dafür büßen.« Dann rannte er zum Meer hin und es schien so, als wolle er in den hoch aufschäumenden Wellen den Tod suchen. Traute erkannte das und lief hinter ihm her, um ihn von einer solchen Dummheit abzuhalten. Sie hielt ihn fest, der aber riss sich immer wieder los und stand jetzt bis an die Knie im Wasser. Auch der Doktor hatte sich wieder aufgerafft. Sein kostbares Wunderwasser war zwar vergossen und sein U-Boot total demoliert, jedoch musste Dieter unbedingt wieder an den Strand zurückgeholt werden. Also sprang auch der Doktor ins Wasser, packte den schreienden und zappelnden Dieter und trug ihn wieder aufs Trockene. Der aber strebte immer wieder ins Wasser zurück; er wollte nicht mehr leben, weil er einen derartigen Schaden angerichtet hatte, was unverzeihlich war.

Als sich Dieter wieder etwas beruhigt hatte, sagte der Doktor:

»Kinder, es ist doch alles nicht so schlimm, wie ihr denkt. Neues Wunderwasser kann ich wieder anmischen, denn ich habe ja das Rezept dazu. Auch ein neues U-Boot lässt sich wieder herstellen. Alles ist also ersetzbar und es besteht somit kein Grund zum Jammern. Nur muss ich jetzt die Rückreise antreten, um zuhause wieder alles herzurichten. Vorher möchte euch noch allerhand andere Dinge zeigen, die ihr auch ohne mein Wunderwasser betrachten könnt.«

Der Doktor verbrachte noch weitere Zeit damit, Dieter und Traute zu trösten. Die aber waren nicht zu beruhigen. Besonders Dieter ging hart mit sich ins Gericht. Dann aber, als der Doktor von einem Seestern und von Krebsen erzählte, die er in seiner Ferienwohnung in Gläsern untergebracht habe, hellten sich ihre Mienen wieder auf. Der Doktor musste aber noch versichern, dass er ihnen wirklich verziehen habe. Dann verabschiedeten sie sich voneinander.

Zurück im Kinderheim brachten Dieter und Traute kaum das Essen hinunter; ihnen war der Appetit vergangen. Nachdem sie mit anderen Kindern die Tische abgeräumt hatten, suchten sie den Doktor in seiner Ferienwohnung auf. Der lud sie sogleich zu Kakao und Kuchen ein. Jetzt endlich verspürten Dieter und Traute wieder Hunger und langten tüchtig zu. Alles Ungemach war vergessen, als der Doktor nach einer Weile sagte:

»Nun werde ich euch mal zeigen, wie dumm ein Seestern ist.«

Und richtig, aus einem großen Einmachglas holte der

Doktor einen lebenden Seestern hervor. Das Tier legte er auf ein Brett, darunter stand eine Schüssel mit Meerwasser. An den Rand des Brettes hatte der Doktor drei lange Nägel eingeschlagen. Der Seestern kroch nun zum Rand des Brettes, da er das Meerwasser roch und in sein nasses Element zurück strebte. Nun erreichte er die drei großen Nägel. Einen Arm steckte er in den einen Zwischenraum, einen zweiten Arm in den anderen zwischen die drei Nägel. So kam er dem Wasser immer näher, und die beiden Arme hingen schon am Brett herunter. Nun aber ging es nicht weiter, denn der mittelste Nagel hielt die Wanderung auf. Der Seestern kam nicht auf den Gedanken, dass er mit allen Armen zwischen einem Spalt sich durchzwängen müsse. Nur so konnte er das ersehnte Wasser erreichen. Der Seestern wäre ausgetrocknet, wenn der Doktor nicht nachgeholfen, das Tier emporgehoben und die Arme so gelegt hätte, dass sie alle durch einen Spalt gingen.

»Der Seestern ist also dumm«, meinte Traute.

Der Doktor erwiderte: »Und dennoch waren die Menschen früher nur wenig klüger. Im Mittelalter beschäftigten sich die Gelehrten mit allerlei Hirngespinsten. Sie stellten die verrücktesten Behauptungen auf und versuchten, sie zu beweisen. Da gab es zum Beispiel einen Professor, der meinte, wenn man einen Esel zwischen zwei gleich großen Heubündeln aufstellte, und zwar genau in deren Mitte, dann werde der Esel von den beiden Bündeln mit der genau gleichen Kraft angezogen. Er müsse also in der Mitte bleiben und elendiglich verhungern. Nun tat aber kein Esel dem Professor den Gefallen, keiner verhungerte, sondern alle fraßen beide Heubündel auf. Wie hätte sich der mittelalterliche Professor gefreut, wenn er von unserem Seestern eine Ahnung gehabt hätte, der im angesichts des Meerwassers austrocknet. Die beiden Arme des Seesterns

113

spüren gleichermaßen das nahe Wasser, keiner will zurückgehen, und so muss das Tier verdursten« – »wenn der Doktor
Kleinermacher nicht wäre«, fügte Dieter hinzu.

Der Doktor zeigte den Kindern noch etwas anderes. Er
verwahrte auch einen großen Krebs in einem seiner Gläser.
Nun haben die Krebse ein Organ an ihrem Körper, das
ungefähr so wie unser Ohr gebaut ist. Die Krebse sammeln
kleine Steinchen auf und tun sie in diese ›Ohren‹ hinein. Lange
waren die Wissenschaftler der Ansicht, dass diese ›Ohren‹
Organe zum Hören, die Steinchen also kleine Gehörsteinchen
seien. Denn auch wir Menschen haben so etwas wie
Gehörsteinchen im Innern unseres Ohres. Dann aber kam es
nach wissenschaftlichen Untersuchungen zu Überraschungen.
Die ›Ohren‹ sind gar keine Gehör-, sondern Gleichgewichts-
organe. An der Lage der ›Gehörsteinchen‹ im Innern des
›Ohres‹ stellt der Krebs fest, wie seine Körperlage im Wasser
ist.

Doktor Kleinermacher hatte alles vorbereitet, um auch
dieses darzustellen. Wenn dem Krebs sein Panzer zu eng wird,
muss er sich häuten. Dabei verliert er mit dem alten Panzer
auch die ›Gehörsteinchen‹ und muss sich neue suchen. Doktor
Kleinermacher setzte nun einen frisch gehäuteten Krebs in ein
Glas, in das er an Stelle von Steinchen kleine Eisenstücke gelegt
hatte. Willig nahm der Krebs die Eisenstücke auf und tat sie in
sein ›Ohr‹, was genau so gut wie die Steinchen funktionierte.
Der Krebs hatte keine Schwierigkeiten und keine Beschwerden.
Nun holte der Doktor einen großen Magneten und hielt diesen
unterhalb des Glases. Am Krebs war nichts Besonderes zu
bemerken. Darauf hielt der Doktor den Magneten seitlich vom
Glas. Sofort legte sich der Krebs auf die Seite und schwamm in
dieser Stellung durch das Wasser. Die Eisenstücke fielen in

ihrer kleinen Körperhöhle nicht hinunter, sondern klebten an der Seite, vom Magneten angezogen. Der Krebs glaubte nun, diese Seite sei ›unten‹, und so schwamm er seitwärts durch das Wasser. Es war eigenartig anzusehen und die beiden Kinder lachten dabei laut auf.

Jetzt aber hielt der Doktor den Magneten von oben auf das Aquarium. Sofort stellte sich der Krebs um und schwamm, den Bauch nach oben, durch das Wasser.

»Es ist doch kaum zu glauben«, meinte Dieter, »ich hätte nie geglaubt, dass man Tiere mit einem Magneten beeinflussen kann, aber es klappt tatsächlich.«

Der Doktor erzählte und zeigte den Kindern noch mehr wundersame Dinge. So zum Beispiel legte er eine Stecknadel vorsichtig aufs Wasser, die darauf schwamm und nicht unterging. Die Kinder wussten es von ihrem ersten Abenteuer im Wassertropfen, dass das Wasser eine feine Haut hat, und konnten sich so diesen Zustand erklären. Dann erzählte der Doktor, dass in der Adria sogenannte *Seegurken* leben, deren Form tatsächlich den Gemüsegurken ähnelt. In jene Tiere kriechen kleine bunte Fische hinein, tun aber den Seegurken nichts, sondern benutzen sie nur als Nachtquartier. Ein Tier lebt in einem anderen, die Natur ist schon sonderbar.

Der Doktor hatte noch viel erzählt. Nun aber stellte Traute eine schwierige Frage:

»Sag mal, Doktorchen, warum eigentlich ist das Meer so salzig?«

»Ja, kleine Traute, warum ist das Meer salzig? Wie erklärst du dir das?«

Traute überlegte lange, endlich sagte sie: »Vielleicht ist mal eine mit Salz beladene Schiffsflotte untergegangen. Das Wasser hat das Salz aufgelöst, und dann ist alles salzig geworden. Aber das erscheint mir doch etwas unwahrscheinlich.«

Jetzt sprang Dieter ein: »Ich denke mir die Sache so. Es gibt doch Salzbergwerke. Man findet doch tief unter der Erde riesige Salzlagerstätten. Wahrscheinlich sind auch auf dem Meeresgrunde solche Salzlager. Das Wasser leckt nun das Salz auf und wird davon so salzig.«

Der Doktor erwiderte: »Gut so, Dieter, und dennoch kann deine Erklärung nicht stimmen. Denn die großen Salzlagerstätten stammen vom Meer, sind also Ablagerungen des Meeres. Was Wirkung ist, kann doch nicht Ursache sein!«

Nun wollte Dieter zeigen, was er gelernt hatte, und sagte: »Wasser besteht aus zwei Gasen, aus Wasserstoff und Sauerstoff. Als sich nun bei der Entstehung der Welt diese beiden Gase zusammenfanden und sich das erste Wasser bildete, da entstand auch das erste Salz, zugleich mit der Bildung des Wassers . . .«

»Ja, aber wie denn?«, fragte der Doktor.

»Natürlich auf chemische Weise«, antwortete Dieter etwas verlegen.

Jetzt griff der Doktor wieder ein. »Du machst dir die Sache viel zu schwer, es ist viel einfacher, als du denkst, nämlich so einfach, dass es niemand glauben will. Die großen Flüsse transportieren das Salz ins Meer.«

Dieter staunte: »Die Flüsse, die führen doch Süßwasser und kein Salzwasser? Das will ich nicht glauben.«

»Doch, doch, passt auf, ich will euch die Sache erklären. Es gibt auf der Erde einige Salzseen. Nur, wodurch wurden diese Seen salzig? Überall in der Erde befinden sich feinste Spuren von Salz. Ohne Salz könnten Pflanzen gar nicht wachsen. Die Rinnsale, Bäche und Flüsse waschen nun überall das Salz aus dem Boden und tragen es weiter. Es sind immer nur ganz geringe Spuren von Salz im Flusswasser, so wenig, dass man vom Süßwasser der Flüsse spricht. Aber wohin geraten diese geringen Salzmengen? Der Jordan, ein Fluss in Palästina, ergießt sein Wasser ins ›Tote Meer‹, und auch die geringen Salzspuren werden dort abgelagert. Das Tote Meer aber hat keinen Abfluss. Es müsste eigentlich überlaufen. Aber die Sonne sorgt dafür, dass das Tote Meer nicht überläuft, denn sie verdunstet ständig Wasser, aber nur Wasser, denn Salz kann nicht verdunsten. Das Salz muss also im Toten Meer bleiben. Und weil der Jordan in vielen tausend Jahren immer neue Salzmengen bringt, immer nur in geringen Portionen, muss das Tote Meer immer salziger werden. Das war also das Tote Meer in Palästina, aber genauso ergeht es allen anderen Salzseen auf der Erde. Was ist nun mit den riesigen Ozeanen? Die sind nichts anderes als gewaltige Salzseen, denn auch sie haben keinen Abfluss, sondern nur Zuflüsse. Auch hier verdunstet die Sonne nur das Wasser und nicht das Salz. So gelangt das Salz ins Meer, nämlich durch die Süßwasserflüsse. Ist das nicht merkwürdig? So, das ist aber genug für heute, sonst platzen euch die Köpfe.«

Dieter wollte zwar noch mehr wissen, aber Traute gab ehrlich zu, dass sie das alles kaum fassen könne, so viel sei es gewesen. Eine Abenteuerfahrt sei doch leichter, denn da sehe man mehr.

Der Doktor drängte zum Abschied und sagte:

»Morgen fahre ich nach Hause. Dort werde ich als erstes wieder neues Wunderwasser herstellen. Das benötigt einige Zeit und ich werde euch hier nicht mehr treffen können. Wir sehen uns also erst in unserer Heimat wieder. Zum nächsten Abenteuer starten wir also nicht mehr hier am Meeresstrand. Macht euch jetzt auf den Weg ins Kinderheim, sonst schimpft die Heimleiterin, und bevor es an die Rückreise geht, spielt mit den anderen Kindern am Strand und freut euch auf ein Wiedersehen.«

Der Abschied war nicht einfach, denn Dieter musste immer wieder daran denken, dass *er* an der Abreise des Doktors schuld war. Bedrückt ging er daher mit Traute zurück ins Kinderheim. Aber mitten auf dem Wege musste er doch laut lachen. Traute fragte:

»Was hast du denn, Dieter?«

»Ach, ich muss gerade daran denken, wie das Wunderwasser auslief und in den Strandsand versickerte. Wenn nun ein Regenwurm darunter gekrochen wäre und vom Wunderwasser genascht hätte, wie hätte der sich verhalten, wenn er plötzlich ganz klein geworden wäre.«

»Aber, Dieter, in dem trockenen Strandsand gibt es bestimmt keine Regenwürmer .«

»Da hast du mal wieder recht, Schwesterchen.«

Die Kinder erreichten ihr Quartier, aßen mit großem Appetit und fielen nach einem Strandspaziergang mit der großen Kindergruppe müde ins Bett. Sie konnten den Tag ihrer Abreise kaum erwarten, denn sie wollten sobald wie möglich wieder bei ihrem Doktor Kleinermacher sein.

9

BESUCH IM AMEISENBAU

Endlich, endlich waren die Kinder wieder zuhause. Wie sehr hatten sie das Ende der Ferien im Kinderheim herbeigesehnt. Aber Dieter und Traute wollten nichts anderes, als sich wieder mit ihrem Doktor zu treffen, mit dem sie so viele Abenteuer erlebt hatten. Bereits einen Tag nach ihrer Rückkehr klopften sie bei ihm an.

»Hast du wieder Wunderwasser gemacht? Oder gar ein neues U-Boot hergestellt? Und bist du uns auch wirklich nicht mehr böse?«

Die Kinder überstürzten sich mit ihren Fragen, und der Doktor beantwortete alle gut gelaunt, freute er sich doch genau so wie seine jungen Besucher über das Wiedersehen:

»Ich bin euch doch längst nicht mehr böse. Neues Wunderwasser habe ich auch schon zubereitet. Aber stellt euch das nicht so einfach vor. In dem Wunderwasser, das damals im Sand versickerte, steckte jahrelange Forschung, bevor es mir gelang, ein Mittel für das Kleinerwerden zu finden. Doch die Rezeptur dafür hatte ich mir notiert und sicher aufbewahrt. Daher benötigte ich jetzt nur noch eine Woche für dessen Zubereitung. Ein neues U-Boot habe ich allerdings nicht mehr hergestellt. Wo denkt ihr denn hin? Ich kann doch solche Werke nicht einfach aus den Ärmeln schütteln. So ein U-Boot ist echte Feinarbeit, seid also zufrieden, dass wenigstens das Wunderwasser bereitsteht. Neue Exkursionen wollte ich o h n e   e u c h keinesfalls unternehmen, bin daher ganz brav zuhause geblieben. Aber inzwischen steht alles bereit, bereits morgen könnte es losgehen, wenn ihr wollt. Wir würden uns dann wieder beim Imker treffen, um auf seinem Grundstück einen Ameisenbau zu erforschen. Doch vorher muss ich noch einige Vorbereitungen treffen. Ameisen sind nämlich weitaus angriffslustiger gegenüber fremden Eindringlingen als Bienen. Da genügt es nicht, ein wenig über eine betäubte Ameise zu streicheln und sich dann mit ihrem Geruch einzureiben. Wir müssen uns also noch sorgfältiger vorbereiten, um nicht von den Ameisen totgebissen zu werden. Von dem Nest, das wir besuchen wollen, habe ich mir ein paar Ameisen geholt und getötet. Aus ihren Körpern bereite ich einen Extrakt, worin wir uns dann wälzen müssen. Es ist nicht schön, Tiere zu töten, ich habe es nicht gern getan, doch es musste sein.«

Aber der Doktor hielt noch eine weitere Überraschung bereit. Er legte drei winzige Schnipsel auf den Tisch, und erst bei Betrachtung unter der Lupe erkannten die Kinder, dass es sich um niedliche Fallschirme handelte, die der Doktor eigens für dieses Abenteuer hergestellt hatte. Dieter wollte wissen, warum man denn bei den Ameisen Fallschirme benötige. Aber der Doktor vertröstete ihn mit der Erklärung, dass sie morgen alles Nähere erfahren würden.

Wieder trafen sie sich in der Imkerei. Der Imker erkundigte sich danach, was sie denn diesmal beobachten wollten? Der Doktor erklärte ihm, dass sie einen Ameisenbau aufsuchen wollten. Darauf ließ der Imker schmunzelnd die drei wieder allein. Aber der gute Mann konnte natürlich nicht wissen, dass der Doktor über die Möglichkeit verfügte, mit seinen jugendlichen Begleitern sogar in einen Ameisenbau einzusteigen.

Kaum war der Imker verschwunden, stellte der Doktor eine Leiter an einen Baum des Gartens. Auf einen dicken Ast setzte er den Behälter mit den drei winzigen Fallschirmen, desgleichen die Flasche mit dem Wunderwasser und die drei Messbecher. Daneben tat er von seinem Ameisenextrakt drei kleine Tröpfchen. So, jetzt konnte es losgehen.

Dieter wunderte sich, dass sie die Leiter besteigen und auf einen dicken Ast klettern mussten. Wäre es nicht besser, noch unten von dem Wunderwasser zu trinken? Aber der Doktor musste das wohl am besten wissen. Willig ließ er sich mit Traute auf dem Ast nieder, dann tranken alle aus dem Messbecher, den der Doktor bis zur Strichmarke 6 gefüllt hatte. Sie mussten also noch kleiner werden als damals – vor dem Einstieg in den Bienenkorb.

Neugierig verfolgte Dieter sein Kleinerwerden. Wirkt das neue Wunderwasser auch genau so wie das alte? Kribbelt es wieder so durch den ganzen Körper, als sei er eine Mineralwasserflasche? Ja, es war genauso wie zuvor. Dieter schrumpfte ein, die Welt um ihn herum wurde größer und größer. Auch Traute und der Doktor waren nun genau wie er kleine Zwerge. Auf dem dicken Ast konnte er spazieren gehen wie auf einer breiten Straße. Nur war diese Straße nicht so eben und glatt, sondern voller Risse und Unebenheiten. Aber der Doktor gab keine Zeit zum Betrachten und sagte:

»Wir müssen uns zuallererst in dem Ameisenextrakt.wälzen. Täten wir das nicht, dann würde uns der Tod holen, nämlich in Gestalt der Ameisen.«

Die Kinder ließen sich das nicht zweimal sagen. Tüchtig wälzten sie sich in dem Extrakt, bis sie vollständig durchtränkt waren. Erstaunt sahen sie sich auf den Bäumen um.

Was krochen denn da für platte, grüne Käfer herum? O, der ganze Baum schien ja voll solcher Käfer zu sein! Das waren Blattläuse, die den Pflanzen solange Saft aus den Blättern saugen, bis die Blätter verwelken und der Baum eingeht. Aber diese kleinen Tiere haben reinste ›Zuckerfabriken‹ in ihrem Körper. Den aufgesaugten Pflanzensaft verarbeiten sie zu einem süßen Sirup, den sie hin und wieder ausspritzen. Dieter bekam einen dieser Spritzer mitten ins Gesicht, etwas davon geriet zwischen seine Lippen. Zu seiner Verwunderung stellte er fest, dass es wunderbar süß schmeckte. Er empfahl Traute, ebenfalls von dem süßen Zeug zu kosten, das überall an Zweigen und Blättern klebte.

»Das ist *Honigtau*«, erklärte der Doktor, »schaut mal, wie gierig Fliegen und Bienen es aufschlecken. Was die Blattläuse von sich geben, stellt für andere Tiere eine Delikatesse dar. Auch die Bienen tragen viel von dem Honigtau in ihr Nest. Sie bereiten auch *davon* Honig, nicht nur von dem Nektar der Blüten. Aber der Honigtauhonig soll nicht so gut sein wie der echte Honig. Mein Freund, der Imker, ist gar nicht so erbaut davon. Früher hatten die Menschen keine Ahnung, woher die süße Glasur stammte, die Blätter und Blattstiele wie Zuckerguss überdeckte. Sie vermuteten, dass vom Himmel süßer Tau herabgekommen war.. Man hat erst viel später herausgefunden, dass Blattläuse dieses Zeug verspritzen.«

Inzwischen naschten die grünen Blattläuse weiter an den Blättern, sogen den sauren Pflanzensaft heraus und verspritzten süßen Zuckersaft. Aber plötzlich gab es Aufregung unter den wehrlosen Blattläusen. Ein dicker Marienkäfer kam ange-brummt, ließ sich auf einem Blatt nieder, ergriff die nächste Blattlaus, biss sie tot und verzehrte sie. Dann ergriff er die nächste und auch die wurde gefressen.

»So ein Biest!«, schrie Traute wütend. »Lass doch die kleinen Blattläuse in Frieden! Was haben sie dir denn getan, du ekelhafter, dicker Käfer?«

Traute war noch nicht fertig mit ihrer Entrüstung, als eine

zierliche, grüne Florfliege angesaust kam. Auch die ergriff sich eine Blattlaus und knabberte sie an. Traute suchte nach Waffen, um diese Angreifer zu vertreiben. Aber der Doktor beschwichtigte sie:

»Lass nur den guten kleinen Marienkäfer, er ist Goldes wert, und von den Blattläusen gibt es viel zu viele. Auch die Florfliegen kann ich gut leiden. Sehen sie nicht bezaubernd aus, wenn sie abends ans offene Fenster heranfliegen und die Lampe im Zimmer umschwärmen? Ihr müsst wissen, dass Blattläuse unsere Bäume schädigen. Kaum ist so eine Blattlaus geboren, ist sie schon wieder Großmutter. Nein, Kinder, unter denen müssen die Marienkäfer und Florfliegen aufräumen, sonst gäbe es bald kein Grün mehr in der Natur. Mein Freund, der Imker, liebt die Marienkäfer und Florfliegen, und zwar zu Recht. Aber Achtung, Kinder, da kommen Ameisen!«

Emsig krabbelten Ameisen an Ästen, Stängeln und Blättern empor. Die Blattläuse sind in Gefahr, ihr mutigen Ameisen, vertreibt die Feinde der Blattläuse! Denn noch saßen überall Marienkäfer und Florfliegen und bissen die grünen Blattläuse tot, als die erste Gruppe Ameisen erschien. Rettet die Blattläuse, liebe Ameisen! Tod den Marienkäfern und den Florfliegen! Zwickt sie, zwackt sie, beißt sie! Von allen Seiten kamen die Ameisen immer näher, jetzt erreichten die ersten Ameisen ihr Ziel. Was konnten Marienkäfer und Florfliegen gegen eine Kompanie bisswütiger Krabbeltiere unternehmen? Ein Kampf wäre jedenfalls aussichtslos. Alle Florfliegen und Marienkäfer breiteten daher die Flügel aus und flogen davon. Aber wartet nur, ihr Blattläuse, wir kommen wieder, wenn eure Verteidiger, die Ameisen, wieder abgehauen sind! Der Imker wird sich freuen und der Gärtner auch, denn es gibt viel zu viele von euch, darum müssen wir ein bisschen unter euch aufräumen.

Immer noch krabbelten die Ameisen um die Blattläuse herum. Wenn sie nur einen Feind erwischt hätten, einen dicken Marienkäfer oder eine zarte Florfliege, aber die hatten sich nicht auf einen Kampf eingelassen und waren weggeflogen. Wehrlose Tiere töten und fressen, ja, das konnten sie, aber zum Kämpfen waren sie zu feige.

Endlich beruhigten sich die Ameisen. Dann krabbelten sie näher an die Blattläuse heran, betrillerten[1] die Rücken der Tiere, und zum Dank für die freundschaftliche Behandlung spritzten die Blattläuse ihren süßen Saft heraus. Gierig schleckten die Ameisen den Honigtau auf, tranken sich voll und krabbelten dann wieder am Baum hinab.

Aber immer neue Ameisen kamen, die dieselbe Arbeit verrichteten. Mit den Fühlern wurden die Rücken der Blattläuse betrillert, die grünen Tiere fühlten sich anscheinend wohl dabei und spritzten zum Dank ihren Honigtau heraus. Wenn eine Ameise gesättigt war, krabbelte sie in ihr unterirdisches Nest zurück. Unterwegs begegnete sie einer Kolonne von Artgenossen, die dem süßen Saft zustrebten.

---

[1] Fühler- oder Tastsprache der Blattläuse

Blattläuse sind nämlich die Haustiere der Ameisen, so wie für Menschen die Milchkühe. Und diese kostbare Viehherde sollte nicht gegen gefräßige Marienkäfer und Florfliegen verteidigt werden? Genau wie der Landwirt nicht selber die Milch trinkt, die er von der Kuh melkt, so verzehren auch die Ameisen nicht allen Honigtau allein. Zwar gelangt zunächst alles in ihren Magen. Unten in ihrem Bau aber drücken sie dann den Honigtau wieder heraus und lassen auch die dort verbliebenen Ameisen von dem süßen Stoff kosten. Machen es die Bienen nicht genau so?

Der Doktor erzählte wieder:

»In Australien und Mexiko gibt es noch viel seltsamere Ameisen. Diese wollen ihren Honig sogar für lange Zeit aufbewahren. Was tun sie deshalb? Ein paar Ameisen bieten sich als lebende Honigtonnen an. Sie klammern sich an der Decke einer Höhle ihres unterirdischen Nestes fest, lassen sich mit Honig so vollstopfen, dass ihr Leib unheimlich anschwillt. Wie kleine Luftballons kleben die lebenden Honigtöpfe an der Höhlendecke, rühren sich nicht von der Stelle und kommen nur dann herab, wenn hungrige Ameisen aus dem lebendigen Honigtopf gespeist werden sollen. Ist das nicht putzig? Traute, möchtest du zeit deines Lebens in der Speisekammer stehen, von Honig so vollgeladen, dass du dicker wirst als dein Onkel Otto, der einen so dicken Bauch hat, dass er kaum noch laufen kann?«

Traute schüttelte sich. Honig würde sie zwar eine ganze Menge vertragen, aber so? Nein das wäre entsetzlich.

»Es ist an der Zeit, wieder hinunter zu gelangen« sagte der Doktor. Dieter schaute besorgt in die Tiefe hinab; er fürchtete sich vor dem steilen Abstieg. Aber der Doktor erinnerte daran, dass sie dafür doch die Fallschirme hätten. Nun war Dieter beruhigt. Schnell waren die Fallschirme entfaltet, und so weich wie Federn schwebten die drei hinab. Einige Male mussten sie sich von einem Blatt abstoßen, wenn der Weg nicht ganz frei war, aber schließlich verlief alles glatt. Nur einmal kam der Doktor einem Spinnennetz zu nahe. Aber er zappelte und schwenkte so lange seinen Fallschirm, bis er glücklich an dem Netz vorbei gesunken war. Schließlich landeten die drei wohlbehalten wieder im Gras.

Dieter wollte wissen, ob denn das Abenteuer schon zu Ende sei? Ihm sei die Zeit so schnell vergangen. Aber der Doktor erklärte ihm, dass es jetzt erst richtig losgehe. Er faltete die Fallschirme wieder zusammen, dann suchten sie die große Ameisenstraße auf, die vom Baum aus zum Nest hin führte. Unzählige Ameisen krabbelten dort hin und her; es war ein einziges Kommen und Gehen. Ohne Aufseher und Antreiber gingen die geschäftigen kleinen Tierchen zur Arbeit und eilten wieder heim, um den Honigtau abzuliefern. Viel war zu sehen. So zog eine Ameise eine tote Fliege über Stock und Stein. Jetzt ging es etwas bergauf, und die tote Fliege rutschte immer wieder den kleinen Berg hinab. Kaum hatten das ein paar andere Ameisen beobachtet, so eilten sie hinzu und alle beförderten mit vereinten Kräften die tote Fliege in ihren Bau. Dieter und Traute waren erstaunt über die Hilfsbereitschaft unter den Ameisen. Noch mehr als unter den Bienen galt hier der Spruch: *Einer für alle, alle für einen.* Wenn sich irgendeine Ameise beschmutzt hatte und sich säubern wollte, dann eilten andere herbei und halfen ihr dabei. Ja, die Ameisen sind auf Reinlichkeit bedachte Tierchen. Erstaunt beobachtete Dieter, auf welche Weise sich die Ameisen verständigten. Mit ihren Fühlern betrillerten sie eine von ihnen, bis diese die Tastsprache verstand und in gleicher Weise antwortete.

»Schade«, meinte Dieter, »dass ich die Ameisen-Tastsprache nicht verstehe. Aber du vielleicht, Doktor? Aber natürlich verstand auch der Doktor die Ameisensprache nicht. So gelehrt war er denn doch nicht, hat doch noch kein Mensch sich jemals mit den Ameisen verständigen können. Das wäre schon toll, wenn man hören und aufschreiben könnte, was sich die Ameisen so erzählen. Man weiß noch nicht mal, ob die Tiere eine regelrechte Sprache haben oder ob sie sich nur allgemeine Gefühle mitteilen können. Da sagt zum Beispiel eine Ameise zur anderen: *Hunger!* Und die andere antwortet: *Kein Essen da.* Wieder eine andere fordert eine Vorübereilende auf: *Hilf mir!* Und die Aufgeforderte antwortet: *Ja!* Vielleicht haben sich die Ameisen auch viel mehr zu sagen, vielleicht haben sie eine genau so kunstvolle Sprache wie die Menschen? Wer weiß das, wer kann das wissen? Die Wissenschaftler sind sich darüber noch nicht einig, es gibt nämlich unter ihnen Spezialisten, die sich ausschließlich mit dem Leben der Ameisen befassen und bestreiten, dass es eine Art Ameisensprache gibt.

Jetzt forderte der Doktor die Kinder auf, mit ihm an der Ameisenstraße entlang den Eingang zum Nest aufzusuchen. Die Ameisen taten den dreien nichts, denn die hatten ja ihren Geruch angenommen. Die äußere Gestalt war ihnen egal, hauptsächlich der Nestgeruch stimmte.

Nun kamen sie zum Eingang des Ameisenbaues. 0 weh! Dieter und Traute hatten nicht erwartet, dass es da drinnen genauso dunkel wie im U-Bahn-Tunnel des Maulwurfs war. Sollte der Doktor das vergessen haben? Doch kaum waren die drei in den Ameisentunnel eingetreten, so verbreiteten die drei zusammengefalteten Fallschirme ein mildes Licht. Der Doktor hatte nämlich die Fallschirme mit einer phosphoreszierenden

Masse bestrichen, die im Dunkeln leuchtet. So zogen die drei Winzlinge durch die unterirdischen Gänge und sahen um sich herum nur geschäftig hin und her huschende Ameisen, nichts als Ameisen.

Bald wurden die Gänge geräumiger und weiteten sich zu Höhlen aus. »Was sind denn das für Tiere?«, fragte Traute erstaunt. Sie deutete auf Insekten, die nicht viel größer als Ameisen waren. Die eigenartigen Wesen hatten aber Flügel. Der Doktor lachte:

»Das sind auch Ameisen. Da staunt ihr, was? ja, es gibt auch Ameisen mit Flügeln. Was ihr bis jetzt gesehen habt, waren wohl auch Ameisen, aber keine Männchen und Weibchen, sondern Arbeiterinnen. Die echten Männchen und Weibchen seht ihr hier. Sie sind soeben erst aus den Puppen gekrochen und schon bereiten sie sich auf die Hochzeitsreise vor.«

Kaum hatte der Doktor das gesagt, als die beflügelten

Männchen und Weibchen durch den Tunnel dem Ausgang zustrebten. Im Ameisenstaat ist vieles anders als bei den Bienen. Die Bienenkönigin, das einzige Weibchen, duldet keine Konkurrenz. Die Ameisenweibchen dagegen tun sich nichts zuleide und begeben sich gemeinsam auf die Hochzeitsreise. Die Arbeiterinnen aber bleiben – wie bei den Bienen – zurück und gehen weiter ihrer Arbeit nach.

Dieter sah in einer größeren Höhle kleine Blattläuse sitzen. »Halten die Ameisen auch Hausvieh?«, wollte er wissen. Aber er musste sich belehren lassen, dass diese Tiere keine Blattläuse, sondern nahe Verwandte, nämlich *Wurzelläuse* seien. Wie jene auf Blättern, sitzen diese auf unterirdischen Wurzeln und saugen den bitteren Wurzelsaft der Pflanzen. Auch die Wurzelläuse verspritzen süßen Honigtau, nach dem die Ameisen so gieren. Viel besser als oben auf die Blattläuse können die Ameisen hier unten auf die Wurzelläuse aufpassen. Die Nahrung wächst direkt in den Stall hinein, und die beschwerliche Krabbelei den Baum hinauf kann so vermieden werden.

»Da sind ja Mäuse!«, schrie Dieter auf, und leuchtete nach unten, wo anscheinend eine Maus zwischen seinen Beinen hindurchgeschlüpft war. Dann aber fiel ihm ein, dass Mäuse während seines Zwergendasein ihm viel größer erscheinen müssten. Aber was waren das für kleine Viecher, die überall herumflitzten?

Der Doktor leuchtete mit seinem Fallschirm alles ab und entdeckte kleine Öffnungen in der Tunnelwand. Natürlich wusste er, worum es sich handelte, nämlich um die Gänge der winzigen *Diebesameisen*, die viel kleiner als gewöhnliche Ameisen sind.

»Genau wie Ratten in manchen Kellern hausen Diebesameisen im Ameisenbau. Also ein Ameisenstaat im Ameisenstaat! Die Diebesanreisen verlassen niemals den Bau, denn wenn sie Hunger haben, dann naschen sie von den Vorräten der großen Ameisen und nehmen sogar die Bissen den größeren Brüdern vom Munde weg. Die großen Ameisen können sich nicht wehren. Erstens sind die kleinen Dinger viel flinker, und dann können sie auch nicht in die winzigen Gänge der Diebesameisen hinein. Außerdem beißen die Diebesameisen tüchtig und verspritzen sogar Gift. Lasst sie also in Ruhe – wie das auch die großen Ameisen tun – denn sie wissen sich zu wehren.«

Vorsichtig gingen die drei den Diebesameisen aus dem Weg und wanderten weiter durch den dunklen, weiten Bau. Jetzt gab es wieder Aufregung in dem kleinen Staat. Die Hochzeiter kamen zurück! Aber es waren längst nicht mehr so viele wie bei deren Auszug. Viele wurden von den Vögeln gefressen, andere von Libellen, wieder andere blieben in Spinnennetzen hängen, und die Männchen kamen von der Hochzeitsreise gar nicht mehr zurück. Ihre Aufgabe war mit der Hochzeit erfüllt, und draußen mussten sie sterben. Etliche Weibchen bezogen auch nicht mehr das gleiche Nest und wurden von anderen Ameisenstaaten aufgenommen. Wieder andere wollten sich selbstständig machen und gründeten ein eigenes Nest. Den wenigen Weibchen, die zurückkamen, hingen die Flügel schlaff herunter. Arbeiterinnen eilten herbei und bissen sie ab. Jetzt waren auch die Weibchen ohne Flügel. Nur einmal, im Hochzeitsflug, werden Flügel gebraucht, und dann geht es zurück an die Arbeit, an das Eierlegen.

Was die Menschen als Ameiseneier verkaufen, sind gar keine Eier. Die echten Ameiseneier sind viel kleiner. Kaum ist so ein winziges Ei gelegt, dann eilen schon die Arbeiterinnen herbei, säubern das Ei, belecken es, und bei der liebevollen

Pflege wachsen sogar die Ameiseneier. Ei für Ei wird in den tiefer gelegenen Keller getragen, bei Sonnenschein aber wieder nach oben geschleppt, dicht unter den Erdboden. Die Eier sollen Luft atmen können und eine Sonnenkur machen. Aus den Eiern kriechen kleine Larven, die wie Würmer aussehen. Von den Arbeiterinnen werden diese gefüttert und gehegt. Nach einiger Zeit verpuppen sich die Larven, und diese kleinen Ameisenpuppen werden eingesammelt und als Ameiseneier zur Verfütterung an verschiedene Kleintiere und Aquariumfische verkauft.

Wenn die Puppen fertig sind und die Ameisen im Innern der Puppe sich entwickelt haben, knabbern die Arbeiterinnen von außen die Puppen auf, und heraus klettert eine fertige, neugeborene Ameise. Jeden Sonnenmittag werden die Eier und Puppen zur Sonnenkur ins Freie geschleppt, und sobald es kühler wird, müssen die riesigen Pakete wieder nach unten geschafft werden. Die Ameisen müssen sich wirklich abrackern. Vom Sonnenaufgang bis zum Sonnenuntergang wird ununterbrochen gearbeitet. Wie die Biene, so opfert auch eine Ameise ihr Leben wenn es gilt, den Staat zu erhalten.

Die drei sahen dem geschäftigen Treiben zu, und nichts störte dabei. Feinde duldet der Ameisenstaat nicht, aber die Ameisen taten ihnen nichts zuleide, weil sie ja den Nestgeruch besaßen.

Nun schien erneut irgendetwas los sein. Aufgeregt betrillerten sich die Ameisen mit ihren Fühlern. Eine ganz wichtige Nachricht musste wohl durch den Bau weitergegeben werden. Was hatten sich die Ameisen nur mitzuteilen? Viele Arbeiterinnen sammelten sich und strömten durch den Tunnel dem Ausgang zu. Der Doktor schloss sich der Kolonne an, und die beiden Kinder folgten ihm. In großer Hast wurden die

Gänge durchquert. Jetzt waren sie am Ausgang angelangt, und davor krabbelten ganze Scharen von Ameisen. Er kämpfte sich zu den vorderen Reihen durch, immer von den Kindern gefolgt. Und jetzt sah er die Gefahr. Größere Ameisen, aber bei weitem nicht so zahlreich, waren in die Nähe des Ameisenbaus geraten und wurden nun bekämpft. Die Großen wehrten sich tapfer und bissen viele Kleine tot, aber immer wieder stürzten sich die Kleinen auf die Großen. Wütend hatte sich da eine Kleine in das Bein einer Großen verbissen, die Große drehte sich herum, biss die Kleine tot, aber die Kleine hatte so fest zugebissen, dass sie nun tot am Bein hing und es auch dann nicht mehr losließ. Die Große musste im Laufen immer die kleine Ameise mit sich herumschleppen, so als hätte sie einen Klotz am Bein.

Bald sahen die Großen ein, dass gegen die Übermacht nichts auszurichten war. Zaghaft traten sie den Rückzug an, von den Kleinen immer verfolgt. Dann verschwanden sie in Richtung ihres eigenen Nestes.

Jetzt wollte Dieter wieder in das Nest zurückkehren. Aber der Doktor hielt ihn zurück:

»Kinder, es ist Zeit, unser Wachstum dürfte bald beginnen. Wir wollen das Größerwerden lieber außerhalb des Ameisenbaues erwarten.«

Die drei gingen auf und ab und warteten auf ihr Wachstum. Da die Zeit noch nicht ganz herum war, stellten Dieter und Traute einige Fragen. Dieter war erstaunt, dass sich die Ameisen sogar Haustiere hielten. So etwas hatten ja nicht einmal die Bienen. Der Doktor erklärte ihnen:

»Die brasilianischen *Blattschneiderameisen* legen sich sogar kleine Pilzgärten an, betreiben also eine Art Ackerbau. Sie räubern und plündern die Natur aus, schneiden die Blätter von

Bäumen ab, sodass diese schließlich ganz kahl sind. Wenn sie die kleinen Blattschnipsel über dem Kopfe tragen und damit in ihren Bau zurückgehen, dann sieht das rechts possierlich aus. Die Brasilianer sprechen daher auch von *Sonnenschirmameisen*. Die Blattschnipsel werden unter der Erde zerkaut, und diese zerkaute Masse ist der Nährboden für die Pilzkulturen. Die kleinen Pilze in der Erde unter den Ameisengärten sehen wie Kohlrabiköpfe aus. Nur davon leben die Blattschneiderameisen. Wenn eine Ameisenkönigin einen neuen Staat gründen will, dann nimmt sie in ihrem Maul immer etwas von dieser Pilzkultur mit.«

Dieter sagte: »Wenn diese Blattschneiderameisen derart die Natur verwüsten, dann dürfte es ja in Brasilien bald keinen Baum mehr geben – oder?«

Der Doktor antwortete: »Die Natur weiß sich auch da zu helfen. Ein Mittel gegen Ameisen sind wiederum Ameisen. Viele Bäume sind hohl. In diesen Höhlungen leben wieder andere Ameisen, nämlich *Aztekenameisen*, und die sind äußerst bissig und angriffslustig. Kommen die Blattschneiderameisen daran vorbei, dann stürzen sich die Aztekenameisen darauf, beißen sie tot oder vertreiben sie.«

Der Doktor wollte noch weitererzählen, aber da machte sich in ihnen wieder das Prickeln bemerkbar. Langsam wuchsen sie und wurden immer größer. Und es war seltsam, denn entweder war Dieter zu sehr in das Gespräch vertieft gewesen, oder das neue Wunderwasser entsprach doch nicht ganz dem gewohnten. Dieter fühlte sich nämlich nicht als normalgroßer Mensch, sondern als Riese, der in eine neue Welt mit Bäumen und Sträuchern hineinwächst. Das Gras und die Blumen unter ihm erschienen ihm so weit weg, dass ihm beinahe schwindlig wurde. Dem Doktor und Traute erging es genau so. Nur langsam gewöhnten sie sich wieder an ihre Normalgröße. Auf dem Heimweg wollten Dieter und Traute noch mehr über die Blattschneiderameisen erfahren, aber der Doktor wusste noch von vielen anderen Ameisenarten zu erzählen:

»In Amerika und Afrika gibt es *Jagdameisen*. Das sind äußerst gefährliche Biester, kann ich euch sagen. Die bauen keine Nester und legen keinen Tunnel an. Immer sind sie auf Wanderung, und was sie auf ihrem Wege treffen, beißen sie tot. Wenn sie auf ihrem Jagdzug auf eine Menschenhütte treffen, dann erkennen die Bewohner sehr bald, dass wieder Jagdameisen unterwegs sind. Denn Schaben und Ratten kriechen überall aus ihren Löchern hervor und rennen ziellos hin und her. Es dauert nicht lange, dann sitzen schon die ersten Jagdameisen den Ratten im Nacken und haben zugebissen. Den Menschen allerdings bleibt nichts anderes übrig, als unterdessen ihre Behausung zu verlassen. Ist der Jagdzug vorbei, dann können sie wieder zurückkehren. Dafür ist die Hütte jetzt völlig frei von allem Ungeziefer, denn die Jagdameisen haben tüchtig aufgeräumt. Sie töten alles, was ihnen in den Weg kommt, sogar Schlangen. Nur die Vögel in den höchsten Baumwipfeln sind vor ihnen sicher, denn so hoch steigen die Jagdameisen nicht.«

Jetzt wurde in Dieter wieder die alte Abenteuerlust nach fremden Ländern wach, er fragte, ob es in Indien auch besondere Ameisen gebe.

»Und was für welche!«, antwortete der Doktor. »Die seltsamste Ameise Indiens ist wohl die *Weberameise*. So wie sich unsere Ameisen Blattläuse als Hausvieh halten, halten sich die Weberameisen Schildläuse. Denen bauen sie ein Blätternest, das ihnen gleichzeitig als Wohnung dient. Viele frische Blätter werden zu einem Bündel gepackt und mit Spinnenfäden umwickelt. Die Ameisen können nicht spinnen, wissen sich aber zu helfen. Ihre Larven können nämlich einen Spinnfaden ausdrücken wie echte Spinnen. So halten die Ameisen ihre eigenen Kinder in ihren Mäulern, streichen mit den Larven wie mit Weberschiffchen hin und her, bis das Blätternest zusammenhält. Ist das nicht sonderbar?

Aber ihr sollt nicht denken, dass nur in fremden Ländern die Ameisen sonderbare Tiere sind. Die Diebesameisen und das Blattlausvieh habt ihr ja erlebt. Nun gibt es in mehreren Ameisenstaaten auch Sklaven. Die blutrote *Raubameise* überfällt fremde Ameisenstaaten, raubt dort die Puppen, aus denen dann Sklaven herangezogen werden. Die Sklaven wissen nichts von ihrer Herkunft, kennen nur ihren Dienst und verrichten diesen freiwillig. Wenn ihre Herren zum Raub ausgehen und später zurückkommen, dann erwarten sie diese freudig, nehmen ihnen willig die Puppen ab und ziehen die Sklaven, ihre Blutsverwandten, groß. Aber die Raubameisen können auch ohne Sklaven leben, sie können sich notfalls auch selbst ernähren. Bei den *Amazonen* aber ist es ganz faul. Diese Ameisen haben sich so sehr auf Sklaverei eingerichtet, dass sie ohne diese gar nicht mehr existieren können. Sie würden trotz vorhandener Vorräte verhungern, denn sie können sich ohne fremde Hilfe nicht selbstständig ernähren. So sehr hat sich diese Art an eine Bedienung durch Sklaven gewöhnt.«

Jetzt kamen die drei an dem großen Hügel der *Waldameisen* vorbei. Der Doktor erzählte, dass die Waldameisen sehr nützlich seien, sie züchten zwar keine Blattläuse, vertilgen aber viel Ungeziefer. Die großen Waldameisen stehen deshalb unter Naturschutz. Dann hielt der Doktor seine Hand ganz dicht über den Haufen. Sofort stürzten Hunderte von Ameisen hinzu und spritzten ihr Gift gegen den vermeintlichen Feind. Dann zog der Doktor seine Hand wieder zurück und führte sie an seine Nase. Die Kinder forderte er auf, gleichfalls daran zu riechen. Ein eigenartiger, eindringlicher Geruch ging von der Hand aus. »Das nennt man *Försterprise*«, erklärte der Doktor.

Der Doktor hatte auf dem weiteren Heimweg noch manches zu berichten:

»Es gibt auch Gäste im Ameisenstaate. Da ist zum Beispiel ein Käfer, der *Ameisengast*. Da er süße Ausschwitzungen von sich gibt, ist der Bursche sehr beliebt bei den Ameisen, und sie pflegen ihn so wie eine Blattlaus. Der undankbare Geselle frisst allerdings ihre Larven und Puppen auf. Aber die sonst so ordnungsliebenden Ameisen hindern den Käfer nicht daran, sondern vernachlässigen die eigene Brut und pflegen nur noch die Kinder dieses Schmarotzers. Der Ameisenstaat würde gewiss daran zugrunde gehen, würden die Ameisen bei der Aufzucht des Käfers keine Fehler machen. Ihre eigenen Eier und Puppen verlangen nämlich nach der Sonnenkur, wie ihr vorhin beobachtet habt. Das aber vertragen die Käferlarven nicht und sterben trotz der wohl gemeinten Fürsorge durch die Ameisen. Nur die Käferpuppen, die unbeabsichtigt im Bau zurückgelassen wurden, wachsen zu neuen Käfern heran.

Nun aber, Kinder, ist es Zeit zur Trennung. Geht schnell nach Hause und lasst euch das Essen gut schmecken.«

Die Kinder bedankten sich und Dieter sagte: »Heute haben wir mit einer alten Sitte gebrochen, nämlich immer schweigend nach Hause zu gehen. Auf Wiedersehen, lieber Doktor Kleinermacher!«

10

UNTER SCHNECKEN UND HEUSCHRECKEN

Der Tag der Zeugnisausgabe kam immer näher. Die Eltern von Dieter und Traute rechneten mit dem Schlimmsten, denn ihre Kinder trieben sich am liebsten draußen herum. Ständig waren sie irgendwo unterwegs. Zwar erledigten sie leidlich ihre Hausaufgaben, aber sie sollten sich danach auch im Haus beschäftigen. Na ja, die Schulnoten würden entsprechend sein! Als dann die Zeugnisse ausge-händigt wurden, stürmte Dieter aus der Schule und traf auf dem Schulhof seine Schwester, die in eine andere Klasse ging.

»Hast du auch so viel Einsen wie ich?«, fragte er.

»Zeig doch mal her. O! Naturkunde: *eins*! Heimatkunde: *eins*! Physik: auch eine *eins*! Da werden sich Mama und Papa aber wundern!«

Und die zeigten sich erstaunt über diese unerwartet guten Ergebnisse. »Ständig treiben sich die beiden Racker draußen herum«, sagte der Vater, »sie sind fast nie daheim und legen uns trotzdem so tolle Zeugnisse vor. Wie machen sie das bloß?«

Eines Tages befand sich Dieter mit seinem Vater beim Pilzesammeln. Als Wildgänse mit lautem Flügelschlag über sie dahinflogen, deutete sein Vater auf die Vögel und sagte: »Sieh mal diese wunderschönen Enten.«

Dieter lächelte nur und sagte: »Aber Papa, das sind doch Wildgänse.«

»Junge, du kennst dich mit Vögeln wohl besser aus als ich. Übrigens, dein Zeugnis ist wirklich toll.«

Noch erstaunter war der Vater, als er in seiner Wohnung eine neue Deckenlampe anbringen wollte und Dieter vorher zum Sicherungskasten ging und rief: »Papa, ich habe vorsichtshalber die Sicherung rausgeschraubt, sonst könntest du nämlich einen elektrischen Schlag bekommen.«

Der Vater war sichtlich verwundert: »Nanu, woher weißt du denn das alles?« Beinahe hätte Dieter geantwortet: *Das habe ich beim Doktor Kleinermacher gelernt.* Aber er biss sich auf die Zunge und lächelte nur still vor sich hin.

Ähnliches erlebte die Mutter mit Traute. Als sie einen Fleck aus Dieters Hose entfernen wollte, tat sie einige Tropfen Benzin in eine Porzellanschale. Als Traute das sah rief sie:

»Mama, lass das besser sein, Benzin verdunstet sehr schnell. Nur ein kleiner Funke genügt und die Benzindämpfe explodieren. Schnell könnte dadurch die ganze Wohnung in Flammen stehen.«

Auch Trautes Mutter staunte über die Kenntnisse ihrer Tochter. Dann erinnerte sie sich daran, dass in den Medien oft über Explosionen durch Benzindämpfe berichtet wurde. Daraufhin schüttete sie das Benzin in die Flasche zurück und verschloss sie sorgfältig.

»Aber Traute, woher weißt du denn das alles?« Traute wollte schon – wie auch ihr Bruder – erklären: *Von unserem lieben Doktor Kleinermacher, der hat mir noch viel mehr erzählt.* Aber auch sie biss sich auf die Zunge und sagte nur: »Ach, das habe ich mal irgendwo gelesen.«

Mit ihren Zeugnissen gingen die Kinder zu ihrem Doktor Kleinermacher. Der verdrehte seine Augen wegen der vielen Einsen, dann sagte er:

»Als Belohnung für eure guten schulischen Leistungen will ich euch gleich zu einem besonderen Abenteuer einladen. Denn nun werden wir nicht mehr unter der Erde herumkrabbeln, sondern die verschiedenen Lebewesen bei Tageslicht beobachten. Das ist allerdings nicht ganz ungefährlich, denn einige Tiere könnten uns für Leckerbissen halten und nach uns schnappen. Mit irgendeinem Nestgeruch können wir uns davor leider nicht schützen.«

Der Doktor holte einige Dinge herbei, die er inzwischen hergestellt hatte. So zum Beispiel drei Gewehre, die noch viel kleiner als die beim Besuch im Maulwurfstunnel waren. Außerdem drei grasgrün gefärbte Regenschirme, sowie eine Glasplatte – etwas größer als seine Hand. Schließlich packte er alles in seinen Rucksack, worin sich auch die Wunderflasche befand. Dann verließen alle drei das Haus, um ein nahegelegenes Wiesengelände aufzusuchen.

Kaum dort eingetroffen, nahmen sie die Suche nach einer Schnecke auf. Als Traute eine entdeckt hatte, stellte der Doktor die Glasplatte schräg auf dem Grasboden auf. Mitten darauf setzte er die Schnecke, dann füllte er die mitgebrachten Messbecher bis zur Strichmarke 4, denn sie sollten diesmal so klein wie Käfer werden. Während des Schrumpfens dachten die Kinder: *Was wird uns wohl der Doktor heute zeigen?*

Nachdem sie auf Käfergröße geschrumpft waren, wollten die Kinder gleich zur Glasplatte hingehen, um die Schnecke zu beobachten. Aber der Doktor hielt sie laut aufschreiend davon ab:

»Wollt ihr denn jetzt schon sterben, jetzt, wo ihr so gute Zeugnisse erhalten habt? Ihr wisst ja gar nicht, wie viele Tiere hier herumstreichen und uns fressen wollen.«

Zuerst drückte er jedem einen grünen Regenschirm in die

Hand. Auch Heuschrecken und Laubfrösche sind grün, damit sie im Gras nicht auffallen. Die grünen Schirme sollten also auch die Kinder im Grase unsichtbar machen.

»Besonders die Vögel schnappen nach allem, was sich ihnen als fressbar darstellt«, erklärte der Doktor. »Wenn also einer auf euch zufliegt, dann bleibt ganz ruhig.« Dann gab er jedem ein Gewehr und sagte: »Wenn sich euch ein Feind immer mehr nähert, erst dann wird geschossen, verstanden?«

Nun gingen alle zu der Glasplatte hin. Die Schnecke hatte sich noch nicht davongemacht. Innerhalb einer Minute bewegte sie sich nur wenige Zentimeter vorwärts. Der Doktor kroch unter das durchsichtige Gestell und forderte Dieter und Traute auf, dasselbe zu tun. Nun konnten sie von unten aus die Bewegungen der Schnecke verfolgen. An ihrem vorderen Kopfende sonderte sie einen glitschigen Schleim ab, über den sie mit wellenartigen Bewegungen ihrer breiten Sohle langsam vorankam und als weißliche Spur hinterließ.

Jetzt kamen ein paar Ameisen die Glasplatte hinauf gekrabbelt. Die Schnecke zog die Fühler ein und verschwand in ihrem Haus. Das erste Fühlerpaar sind die Nasen der Schnecke, und das zweite trägt die Schneckenaugen. Durch Blutdruck werden die Fühler herausgedrückt und durch Muskeln wieder eingezogen. Als die Ameisen immer aufdringlicher wurden, schäumte die Schnecke eine Menge Schleim hinaus, worauf die Ameisen angewidert davonliefen.

Der Doktor hatte auf die Glasplatte etwas Grünzeug gelegt, damit die Schnecke darauf zukroch und die Glasplatte nicht verließ. Kaum waren die Ameisen fort, so kam die Schnecke wieder aus ihrem Haus heraus und erreichte bald das Grünzeug. Mit ihrer Raspelzunge rauhte sie das Futter auf und fraß davon.

140

Nun hatten die Abenteurer die Schnecke genug von unten aus betrachtet. Sie kamen wieder hervor und betrachteten sich das Tier von der Seite. Dabei verdeckten die grünen Regenschirme die Zwerge vor von oben drohenden Gefahren. Der Doktor hatte Ausschnitte in den Schirmen vorgesehen, damit man durch sie nach oben schauen konnte, ohne sie zur Seite kippen zu müssen. Er guckte immer wieder nach oben hindurch, das Gewehr stets schussbereit in der Hand. Die Kinder dagegen verfolgten mit Interesse das Verhalten der Schnecke, als Dieter plötzlich rief: »Was hat denn die Schnecke da für einen komischen Fühler?«

Tatsächlich, der eine Fühler war dick und angeschwollen und eigenartig gefärbt, nämlich in Querstreifen grün und weiß. Lebhaft wurde der eine große Fühler immer hin und her bewegt. Das wirkte so komisch, dass Traute und Dieter laut lachen mussten.

»Vorsicht!«, rief der Doktor. »Da scheint uns ein Vogel erblickt zu haben, denn er umkreist uns. Wenn ich mich nicht irre, ist es ein *Wiesenpieper*. Passt auf, Kinder, der will uns wohl fressen, macht daher die Gewehre schussfertig!«

Auch die Schnecke hatte den Wiesenpieper erkannt und war bemüht, sich so schnell wie möglich in ihr Haus zurückzuziehen. Aber der stark angeschwollene grün-weiße Fühler war zu dick, um sich mit ihr in das Haus zu quetschen. So ein Pech! Dabei bewegte er sich deutlich sichtbar hin und her, so als wolle er den fresslustigen Vogel anlocken.

Der Wiesenpieper beachtete die drei Zwerge überhaupt nicht, sein Interesse galt ausschließlich der Schnecke. Dicht neben dem Schlammtier ließ er sich nieder und schaute mit schiefgehaltenem Kopf neugierig auf den dicken, sich ständig hin und her bewegenden Fühler. Dann biss er zu, knipste mit seinem Schnabel den Fühler ab, fraß ihn auf und flog davon.

»Das ist doch komisch«, sagte Dieter. »Der Fühler bewegte sich ja auf eine Weise hin und her, gerade so, als ob er gefressen werden wollte. Normalerweise verbergen sich die Tiere vor einem Fressfeind, aber der Schneckenfühler lockte mit seinen auffälligen Farben den Wiesenpieper richtig an, damit der ihn abbeißen sollte. Das verstehe ein anderer, mir will das einfach nicht in den Kopf.«

Der Doktor fand wieder kein Ende mit seinen langatmigen Erklärungen:

»Was dir so rätselhaft erscheint, war auch für die Wissenschaft lange unklar. Sie verliehen dem Tierchen den Namen *Rätselhaftes Grün-Weißchen*, natürlich auf lateinisch, das hört sich viel vornehmer an. In dem Fühler lebt nämlich ein Wurm, und dieser Wurm heißt darum ebenfalls *Rätselhaftes Grün-Weißchen*. Aber wie kommt der Wurm da hinein, und warum will er gefressen werden? Das ist eine interessante Geschichte. Im Darm des Wiesenpiepers schmarotzt nämlich ein Wurm. Der frisst sich dort voll, dann legt er Eier, die der Vogel mit dem Kot ausscheidet. Wenn nun aus den Eiern neue Würmer werden, dann wollen sie wieder in einen Vogeldarm hinein. Aber wie kommen sie dahin? Sie machen nun einen langen Umweg. Der Kot dieser Vögel gelangt irgendwann auf Blätter, auf denen sich dann solche Wurmeier befinden. Diese Blätter werden von Schnecken gefressen, wobei die Wurmeier in deren Magen gelangen. Wenn sich jetzt die kleinen Würmer entwickeln, dann wandern sie durch die Schnecke, bis sie in einen Fühler gelangen. Nun wachsen sie, werden schließlich so dick, dass der Fühler anschwillt und nicht mehr mit der Schnecke in ihr Haus passt. Nun färben sich die Würmer grün und weiß, in Querstreifen, so wie ihr es gesehen habt. Die Färbung ist so grell, dass sie sogar durch die Fühlerhaut hindurchschimmert. Damit noch nicht genug, jetzt bewegen sich die Würmer so lange hin und her, bis ein Wiesenpieper darauf aufmerksam wird und den ganzen Fühler abbeißt. Und d a s wollte das kleine *Grün-Weißchen* erreichen, denn nun gelangt der Wurm wieder in den Vogeldarm und kann dort weiter schmarotzen. Die Schnecke aber ist ihren Plagegeist los und lebt frisch und munter weiter. Ist das nicht eigenartig, wie verzwickt manchmal die Vorgänge in der Natur sind?«

Inzwischen war die Schnecke von der Glasplatte hinuntergekrochen, und die drei folgten ihr. Dabei kamen sie an einer Erdgrube vorüber, die mit Vogeleiern gefüllt war. Richtige Vogeleier, dachte Dieter, aber gab es denn so kleine Vögel, die so winzige Eier legen?

Der Doktor war sofort mit einer Erklärung zur Hand. Es waren Schneckeneier. Traute fragte, ob denn das Schneckenweibchen die Eier ebenfalls ausbrüte und ob auch der Schneckenvater sich um sein Nest kümmere? Da musste der Doktor aber lachen:

»Liebe Traute, das kannst du natürlich nicht wissen. Es gibt bei den Schnecken weder Männchen noch Weibchen, oder genauer gesagt, es gibt nur Männchen, die zugleich auch Weibchen sind. Es gibt in der Natur Tiergattungen, die haben keine unterschiedlichen Geschlechter, man bezeichnet sie daher als ›Zwitter‹. Die Zwitter sind Männchen und Weibchen zugleich. Zum Beispiel ist der Regenwurm ein Zwitter wie auch die meisten Schnecken. Trotzdem feiern die Schnecken Hochzeit. Da geht es sogar sehr romantisch zu. Vielleicht habt ihr schon mal von einem Knaben namens *Amor* gehört. Damit zwei junge Leute sich ineinander verlieben, schießt dieser Amor mit seinem Bogen einen Pfeil auf die beiden ab, einen sogenannten Liebespfeil. Das ist natürlich nichts anderes als eine Legende. Einen Liebesgott Amor gibt es genauso wenig wie einen Liebespfeil. Bei den Schnecken aber gibt es Liebespfeile, echte kleine Pfeile. Wenn zwei Schnecken sich lieb haben – Sohle an Sohle gepresst – dann drücken sie beide einen kleinen Kalkpfeil ab, der in das Fleisch des anderen Tieres eindringt. Ist das nicht komisch?«

Der Doktor erzählte noch einiges über Weinbergschnecken, die gezüchtet und eingesammelt, dann verkauft und als Leckerbissen verspeist werden. Menschen verzehren also nicht nur Austern und Muscheln, sondern auch Schnecken.

Jetzt vernahmen sie das Zirpen eines Heuschreck und schlichen vorsichtig näher, um sich den grünen Gesellen anzusehen. Da saß er friedlich und zirpte nach Leibeskräften. Mit seinen Hinterbeinen strich er immer an der Flügeldecke entlang, so wie ein Geigenbogen über die Geige streicht. Dabei entstanden so wundersame Töne, dass Traute hellauf begeistert war.

Aber nicht nur die drei Menschenzwerge krochen vorsichtig auf den Heuschreck[2] zu. Eine Heuschrecke[3] hörte das Liebeskonzert und lief auf den grünen Musikanten zu. Wie alle Insekten können auch Heuschrecken mit ihrem Maul keinen Laut von sich geben, weil sie durch ihn nicht atmen. Ihre Atmungsöffnungen befinden sich an der Seite ihres Leibes. Deswegen kann ein Maikäfer nicht ertrinken, auch wenn sein Kopf im Wasser steckt. Wenn er aber schwimmt, den Körper ganz vom Wasser bedeckt, dann erstickt er jämmerlich, selbst wenn sein Kopf über die Wasseroberfläche hinausragt.

Nur der Heuschreck kann mit seinen Beinen wie mit einem Geigenbogen musizieren, was das Weibchen nicht vermag, denn sie besitzt keinen solchen, und wenn sie mit ihren Waden an ihrem Flügel kratzt, dann entsteht kein Laut. Ich will euch verraten, was ein giechischer Dichter über das Liebeslied des Heuschrecks äußerte, nämlich *Glücklich sind die Heuschreckmänner, denn sie haben stumme Weiber.*

Doktor Kleinermacher wusste, dass es nicht ganz stimmte, was er sagte, denn der Grieche hatte gesagt *Glücklich leben die Zikaden, denn die haben stumme Weiber.* Aber dann hätte er den Kindern erst erklären müssen, was Zikaden sind. Und das erschien ihm zu zeitraubend.

Jetzt fragte Dieter: »Wo sitzen denn die Ohren von Heuschrecken? Das Zirpen muss doch das Weibchen hören können, sonst würde es doch gar nicht das Männchen bemer-

---

[2] männliches Insekt
[3] weibliches Insekt

ken.«

Der Doktor antwortete: »Die Ohren der Heuschrecken sitzen nicht wie bei uns am Kopf. Die Ohren dieser Tiere – Kinder, haltet euch fest! – die Ohren der Heuschrecken sitzen an den Beinen.«

Dieter konnte nur sagen: »Das ist ja wirklich zum Lachen.«

Und richtig, ein ganz winziges Loch befand sich am Bein des Heuschreckweibchens. Aber sie saß nicht auf diesen Ohren, sondern lauschte dem Liebesgesang ihres Anbeters. Schon wollte sie sich ihm nähern, da geschah ein schreckliches Unglück:

Nicht weit von den beiden saß eine *Gottesanbeterin* im Gras. Dieses hinterhältige Tier sieht ungefähr wie eine Heuschrecke aus, allerdings unterscheidet sie sich von ihr dadurch, dass sie ihre Vorderbeine nach oben hält, so als ob sie bete. Davon

bekam sie auch diesen Namen. Allerdings wartet die Gottesanbeterin mit ihren Raubbeinen auf ein an ihr vorbeilaufendes
Beutetier, das sie packt und sogleich auffrisst. Ganz in der
Nähe des zirpenden Heuschreckmannes lauerte dieses Biest.
Die drei Abenteurer hatten sie noch nicht bemerkt, als der
junge Heuschreck der Gottesanbeterin zu nahe kam, die ihn
flink mit ihren Raubbeinen erfasste.

Was sich danach ereignete, war zuviel für Traute. Wütend
legte sie ihren grünen Schirm beiseite, ergriff das Gewehr, legte
an und schoss, wonach die Gottesanbeterin ihr Opfer losließ
und schwerverwundet die Flucht ergriff.

Für den jungen Heuschreck kam das allerdings zu spät.
Zwischen Rumpf und Kopf hatte die Gottesanbeterin so
kräftig zugebissen, dass der Kopf wie an einem Faden
herabhing. Dabei zappelte das arme Tier, rannte hin und her
und schien großen Schmerz zu erleiden. Jetzt gedachte Dieter
einzugreifen. Traute hatte mit einem Schuss die Gottesanbeterin vertrieben, jetzt wollte Dieter den Gnadenschuss
abgeben und den Heuschreck von seinen Qualen befreien. Er
legte an, zielte lange, und dann krachte es im Gras. Dieter hatte
so gut getroffen, dass der Kopf nun ganz vom Körper getrennt
wurde. So, nun hatte die liebe Seele Ruh, und Dieter wischte
sich nach dieser Aufregung den Schweiß von der Stirn.

Aber was mussten die Kinder sehen! Am Kopf des
Heuschrecks bewegten sich die Fühler noch lebhaft weiter, und
der kopflose Rumpf sprang weiter im Gras herum. Es war ein
grauenvoller Anblick. Traute richtete ihre Augen entgeistert auf
den anscheinend immer noch lebenden, wenn auch kopflosen
Heuschreck. Nur der Doktor zeigte sich gelassen:

»Kinder, ihr habt ja gar keine Ahnung, wie zäh so ein
Insektenleben ist. Stundenlang muss das arme Tier noch

zappeln, erst dann darf es endgültig sterben. Doch nun wollen wir den Ort dieses Trauerspiels verlassen.«

Ihre Schirme hochhaltend, schritten die drei durch das Gras, immer weiter weg von dem kopflosen Heuschreck. Sie waren so in Gedanken versunken, dass sie kaum noch auf das Leben ringsum achteten. Eine ganze Weile waren sie schon unterwegs, da hielt der Doktor die Kinder zurück und gebot ihnen absolute Ruhe. Denn nicht weit vor ihnen lief die Gottesanbeterin, die an der Schussverletzung bei weitem nicht so zu leiden hatte wie ihr Opfer. Traute wollte wieder anlegen, aber der Doktor verbot ihr die Schießerei. Er erwartete irgendetwas, und auch die Kinder beobachteten die Umgebung, denn wenn des Doktors Augen halb zugekniffen in eine bestimmte Richtung gingen, dann lag sicher ein besonderes Ereignis vor ihnen.

Dahinten raschelte etwas. Es war wieder eine Gottesanbeterin, nur etwas kleiner als die erste. Der Doktor flüsterte den Kindern zu, dass das zweite Tier ein Männchen sei. Die Männer seien unter den Insekten oft kleiner. Der Gottesanbeter dort geht auf die Brautschau und will seiner Riesendame imponieren.

So schön musizieren wie der junge Heuschreck konnte der Gottesanbeter nicht. Er drehte sich hin und her, versuchte es von jener Seite und dann von dieser, endlich sprang er auf seine Herzallerliebste zu. Aber die Gottesanbeterin war nicht bei guter Laune. Brutal packte sie mit den Raubbeinen ihren kleinen Mann, klammerte ihn fest, das arme Männlein zitterte und zappelte, und dann fraß sie ihn Stück für Stück auf.

Traute konnte sich kaum beherrschen, mehrmals legte sie ihr Gewehr an, aber der Doktor verbot ihr das Schießen. In der Natur ist nicht alles Gesang und Liebe, wer die Natur verstehen will, muss sich auch mit Mord und Totschlag abfinden. Da er die kleine Traute kaum beruhigen konnte, führte er sie endlich von dieser Kannibalenhochzeit weg.

Wieder stapften die drei durch das hohe Gras, und wieder befanden sich Dieter und Traute in höchster Anspannung. Plötzlich hielt der Doktor an und deutete mit einer Hand nach oben. Winzige Insekten waren aus kleinen, in der Erde liegenden Eiern herausgekrochen und krabbelten jetzt an Pflanzenstängeln empor. Oben in den Blüten ließen sie sich nieder, ohne dass zu erkennen war, was sie dort wollten. Sie saugten weder Honig, noch fraßen sie Blütenstaub. Was also wollten die Tierchen in den Blüten, wenn sie darin nicht nach Nahrung suchten? Was ging hier wieder vor?

Der Doktor erklärte: »Wenn ich mich nicht irre, dann sind das *Bienenläuse.* Wir wollen mal abwarten, was hier noch geschieht.«

Die drei beobachteten weiter die Blüten und das Verhalten der kleinen Läuse, doch nichts geschah. Ihre Geduld wurde auf eine harte Probe gestellt. Schon wollte Dieter die Beobachtung aufgeben und weitergehen, als er das bekannte Prickeln in seinem Körper spürte, das sein Größerwerden ankündigte. Den anderen erging es ebenso. Kaum hatten sie sich darüber verständigt, als sie wieder normalgroße Menschen waren. »Das ging mir eigentlich zu schnell«, meinte der Doktor. »Übermorgen wollen wir uns hier nochmals treffen und sehen, was die Bienenläuse machen.«

Die drei packten ihre Sachen zusammen, der Doktor nahm Wunderflasche, Messbecher Gewehre und Regenschirme mit, und alle drei gingen vergnügt nach Hause.

11

BEI DEN BIENENLÄUSEN

Als Dieter und Traute wieder den Doktor aufsuchten, sahen sie schon von weitem einen Menschenauflauf vor seinem Fenster. Viele Kinder hatten sich dort eingefunden, aber auch einige Erwachsene. Was war dort los? Verdächtigte man ihn vielleicht, ein Zauberer zu sein, oder wollte man ihn gar verhaften?

Die Kinder dachten bereits daran, wieder umzukehren, doch dann gingen sie entschlossen weiter. Zu ihrer großen Überraschung sahen sie jetzt, dass sich nicht nur viele Leute unter dem Fenster des Doktors versammelt hatten, sondern auch eine Ansammlung bunter, prachtvoller Schmetterlinge. Auf und nieder taumelten die Falter, immer direkt vor den Fenstern des Doktorhauses.

»Sehen die nicht wunderschön aus, die Splittermännchen?«, sagte Dieter. Als er noch ein ganz kleiner Junge war und noch nicht richtig sprechen konnte, hatte er zu einem Schmetterling ›Splittermännchen‹ gesagt, seitdem verwendet die ganze Familie diesen Ausdruck. Auch Traute fand den Namen hübsch, darum sagte sie: »So viele Splittermännchen auf einem Haufen habe ich noch nie gesehen. Was hat wohl der Doktor mit diesen Tierchen vor?«

Die Kinder sprangen die Treppe hinauf, klopften an, überfielen den Doktor und riefen: »Lieber Doktor, was ist denn mit den Splittermännchen los, die klopfen schon an dein Fenster und wollen hinein. Mach doch das Fenster auf! Sieh nur, da draußen gibt's einen richtigen Menschenauflauf! Die vielen Leute staunen über das bunte Geflatter vor deinem

Fenster.«

Der Doktor lächelte:

»Das ist eine merkwürdige Geschichte. Seit Jahren schon suche ich nach einem in unserer Gegend nur noch selten vorkommenden Schmetterling. Aber nun kommt's: Heute Morgen ging ich über eine Wiese unseres Imkers, und was sehe ich? Genau diesen von mir seit Jahren gesuchten Schmetterling. Ich fing ihn mit dem Netz ein und nahm ihn mit nach Hause. Es war ein Weibchen. Ich legte es vorsichtig in eine Schachtel, bohrte ein paar Luftlöcher hinein und stellte die Schachtel auf das Fensterbrett. Dann frühstückte ich, anschließend machte ich noch ein Nickerchen, und mitten im Schlaf wurde ich von einem Lärm vor meinem Fenster aus dem Schlaf gerissen. Ich öffnete das Fenster, um nach der Ursache zuschauen. Und was sah ich? Viele Kinder und Erwachsene starrten in die Luft, zeigten mit Fingern nach oben und schrien vor Begeisterung. Denn direkt an meinem Fenster flogen unzählige Schmetterlinge auf und ab. Ihr habt sie ja selber gesehen. Es waren alles Schmetterlinge von der gleichen, seltenen Art und alles Männchen. Sie waren von dem Duft des Weibchens in der Schachtel angelockt worden und kamen nun von weit her angeflattert. Ist das nicht sonderbar? Jahrelang suche ich vergeblich nach der in unserer Gegend seltenen Art. Jetzt endlich fand ich ein Weibchen, und schon treiben sich die Männchen zu Dutzenden vor meinem Fenster herum.

»Wo kamen denn die vielen Männchen auf einmal her?«, wollte Dieter wissen.

Der Doktor antwortete: »Ja, das ist wohl ein Geheimnis der Schmetterlinge. Die Weibchen besitzen auf ihren Flügeln sogenannte Duftschuppen. Wir Menschen nehmen diesen Duft nicht wahr, er ist zu gering. Aber die Männchen verfügen über einen ausgezeichneten Geruchssinn, ihr wisst ja bereits, dass die ›Fühler‹ ihre Nasen sind. Und die sind so gut, dass ein Männchen ein Weibchen über Kilometer hinweg riecht. Schon von weither haben sie also das Weibchen gerochen und sind immer ihrer Nase nach bis vor mein Fenster geflogen. Die Wissenschaftler behaupten, dass es genauso sei, wie ich euch gerade erzähle. Aber vielleicht irren die sich und die Schmetterlinge verständigen sich auf eine ganz andere Weise? Wer weiß das schon?«

Traute staunte. »Sieh mal einer an, solch gute Nasen haben also die kleinen Splittermännchen, das hätte ich nicht für möglich gehalten.«

Nun durften sie aber keine Zeit mehr verlieren. Ein neues Abenteuer stand ihnen bevor und alles war bereits vorbereitet. Der Doktor hatte ganz winzige Fläschchen mit Wunderwasser abgefüllt, aber die große Wunderwasserflasche nahm er ebenfalls mit. Dann wurden wieder die Mini-Gewehre und Mini-Fallschirme eingepackt, dazu noch drei Paar Steigeisen in Kleinstformat, wie man sie zum Klettern auf Masten oder Bäume benötigt.

Die drei stapften munter drauflos, und als sie die letzten Häuser hinter sich hatten, sangen Dieter und Traute ein lustiges Wanderlied. Der Doktor sang auch mit, was aber etwas war, das er nicht beherrschte. Schön klang seine Stimme wirklich nicht, deshalb hatten die Kinder ihn auch noch nie singen hören.

Mitten im Gesang schrie Traute auf. Ein *Holzbock* – das Tier wird auch *Zecke* genannt – hatte sich von einem Baum hinunter auf Traute gestürzt. Das Insekt biss sich sofort an Trautes Hals fest und saugte von ihrem Blut. Dieter eilte hilfsbereit herbei, um es herauszuziehen, aber der Doktor hielt Dieter davon ab:

»So darf man das nicht machen. Die Zecke hat sich derart festgesaugt, dass du wohl den Körper abschlägst, aber nicht den Kopf, der im Fleisch stecken bleibt. Das führt dann zu schlimmen Entzündungen oder gar einer Borreliose[4].«

Der Doktor hatte wie immer eine Pinzette dabei, mit der er vorsichtig den Körper der Zecke von Trautes Hals wegzog. Nachdem auch der Kopf des Blutsaugers aus der Wunde heraus war, riss er den restlichen Zeckenkörper von Trautes Hals weg.

Die drei gingen darauf weiter, sangen aber nicht mehr, denn der Doktor hatte den Kindern noch einiges zu erzählen:

»So eine Zecke ist ein ganz merkwürdiges Viech. Sie kann weder riechen noch sehen, sitzt irgendwo auf dem Baum und wartet auf ein Opfer. Da hüpft ein Frosch durch das Gras unter dem Baum, die Zecke spürt das Geraschel und lässt sich fallen. Aber sie fällt daneben und muss nun mühsam wieder den Baum hinaufkrabbeln. Dann geht unter ihr eine Kuh vorbei. Die Zecke bemerkt das, lässt sich fallen, fällt daneben, und wieder muss sie den Baum hinaufkrabbeln. Dann kommt ein Pferd angetrabt. Deutlich vernimmt die Zecke die Erschütterungen des Bodens. Und jetzt lässt sie sich erneut fallen, plumpst direkt auf das Pferd und kann sich endlich mit Blut vollsaugen.

Wissenschaftler haben Versuche darüber angestellt, wie lange so eine Zecke auf dem Baum bleiben kann, ohne zu verhungern. Sie stellten fest, dass es sogar länger als ein Jahr dauern kann, bevor eine Zecke verhungert. Da muss man wirklich staunen.«

Jetzt musste Dieter laut lachen. Traute fragte, was denn

---

[4] Borreliose ist eine nur durch Zecken übertragbare Erkrankung

daran so witzig sei, und Dieter erwiderte:

»Ich habe mir eben gerade vorgestellt, ich wäre eine Zecke, könnte weder sehen noch riechen und müsste auf einem Baum sitzen und darauf hoffen, dass der Wagen unseres Konditors unten vorbeifährt. Ich warte und warte, endlich spüre ich unter mir ein Motorgeräusch. Aha, denke ich, das muss doch der Kuchenbäcker sein, endlich kann ich mich an leckerer Torte sattessen! Ich lasse mich fallen und falle … leider auf den Wagen der Müllabfuhr. Igitt, das war kein Vergnügen! Mühsam arbeite ich mich aus dem Abfall heraus und klettere wieder auf meinen Baum. Einen Hunger habe ich! Da, ein erneutes Motorgeräusch, das ist nun sicher der Konditorwagen. Jetzt lasse ich mich wieder fallen und falle … in einen Wagen mit Eierkartons. Alle Eier sind zerbrochen, das Eigelb klebt überall an meinem Körper, und vor rohen Eiern ekle ich mich schon immer. Mühsam klettere ich wieder auf meinen Baum. So ein Elend, einen Mordshunger habe ich, mein Magen knurrt ständig. Es ist wirklich nur mein Magen. Da spüre ich abermals ein Gebrumme. Das ist bestimmt der erwartete Lieferwagen. Ich lasse mich fallen und falle … in einem Cabriolet mit offenem Verdeck, dem dicken Fahrer direkt vors Lenkrad. Der schimpft mit mir, seine Frau verhaut mich mit ihrem Regenschirm, und das kleine Mädchen auf dem Rücksitz fällt in Ohnmacht. Zerschlagen und hungrig klettere ich wieder auf meinen Baum. Mein Magen hängt mir jetzt schon bis zu den Knien herab. Fährt denn endlich mal das Auto der Konditorei vorbei? Ja, jetzt kommt es tatsächlich. Ich falle mitten in einen Brötchenkorb, aber leider bekomme ich keinen Kuchen zu essen.«

Traute und der Doktor mussten herzhaft lachen. Das hatte Dieter aber wunderbar erzählt! Traute sagte noch: »Wenn es bei uns mal eine Viertelstunde später Mittagessen gibt als üblich, dann meckere ich. Ab jetzt werde ich stets an die arme Zecke denken, die manchmal über ein Jahr auf ihr Blutopfer warten muss.«

Endlich hatten die drei ihren alten Platz erreicht, und der Doktor machte alles für das neue Abenteuer bereit. Die Messbecher, die wieder bis zur Strichmarke vier mit dem Wunderwasser gefüllt waren, wurden zügig ausgetrunken. Diesmal wurden die drei wieder so klein wie Käfer. Sie nahmen die Gewehre an sich, sowie die kleinen Wunderfläschchen und die Fallschirme. Auf schnellstem Wege wollten die Zwerge zu ihrer Blume gelangen, als ihnen ein dicker *Ohrwurm* den Weg versperrte. Traute nahm ihr Gewehr in Anschlag, um auf den Ohrwurm zu schießen, was ihr aber der Doktor verbot. Traute protestierte laut dagegen:

»So ein grässlicher Wurm, krabbelt schlafenden Menschen ins Ohr, knabbert an ihrem Trommelfell und frisst sich bis zum Gehirn durch. So ein Biest sollte man wirklich erschießen.«

Aber der Doktor gab keine Schusserlaubnis:

»Erstens ist der *Ohrwurm* kein Wurm, sondern ein Insekt. Derartige Namen täuschen oft. Auch der *Maiwurm* ist kein Wurm, sondern ein Käfer, nämlich der *Schwarzblaue Ölkäfer*. Zu den Käfern gehören auch die *Spanischen Fliegen* und das *Glühwürmchen*. So ist auch der *Walfisch* kein Fisch, sondern ein Säugetier, dagegen ist das *Seepferdchen* kein Pferd, sondern ein Fisch.

Nun soll der Ohrwurm das Trommelfell durchbeißen? Dazu sind die Ohrwürmer viel zu harmlos. Mit ihrer Zange am Hinterleibe töten sie kein Tier. Ohrwürmer fressen nur Tiere, die schon tot sind. Vor allem, was noch lebt, nehmen sie Reißaus. Gefährlich ist nur der Ohrwurmvater. Wenn der seine Ohrwurmkinder geschlüpft sind, fressen sie zum Dank ihre

Mutter auf. In der Natur geht alles durcheinander.«

Der Doktor wollte noch mehr über Ohrwürmer erzählen, als ihnen eine echte Gefahr drohte. Ein bunter, glänzender Käfer kam angerannt. Es war der *Goldschmied*, ein Käfer, der gierig um sich beißt und alles überfällt, was er gerade noch überwältigen kann. Er frisst Maikäfer, Regenwürmer, Raupen und – wie schrecklich – nach der Hochzeit frisst die Goldschmiedfrau sogar ihren Mann auf. Aber die Gärtner und Förster haben nichts gegen den Goldschmied, denn er frisst nichts anderes als Ungeziefer.

Der Doktor erkannte gleich, dass der Goldschmied eine große Gefahr für sie darstellte, weshalb er sein Gewehr anlegte und es schussfertig machte. Aber der Goldschmied hatte es keinesfalls auf die drei Zwerge abgesehen, sondern auf den Ohrwurm. Der arme Geselle wollte davonlaufen, aber der Laufkäfer war, eins, zwei, drei, hinter ihm und packte ihn am Kopf. Erbarmungslos knabberte er sein Opfer an, das sich wie ein echter Wurm krümmte, dann fraß er es nach und nach auf.

Als der Goldschmied damit fertig war, fiel er über einen langen Regenwurm her. Aber dem Käfer war kein Wurm zu lang, er biss tüchtig zu und fraß gierig von dem sich windenden Opfer. Der Goldschmied schien ein echter Nimmersatt zu sein.

Da vernahmen sie ein Gepolter. Was war denn da wieder los? Eine ekelhaft aussehende, mit langen Haaren bewachsene Raupe krümmte sich am Boden, und im Nacken saß ihr ein metallisch schimmernder Käfer. Der Doktor erklärte:

»Das ist der *Puppenräuber*, ein mindestens ebenso gewalttätiger Räuber wie der Goldschmied. Aber der Goldschmied räubert im Erdboden, der Puppenräuber aber kann klettern und sucht einen Baum auf. Dort fällt er die schädlichen Raupen an, und die Förster sind ihm dafür recht dankbar.«

Oben im Baum hatte der Puppenräuber diese viel größere Raupe angefallen. Sie wehrte und bäumte sich, aber der Puppenräuber hatte sich in ihren Nacken verbissen und wollte nicht von ihr lassen. Daraufhin ließ sich die Raupe von oben hinabfallen, wohl in der Erwartung, der Puppenräuber würde sie dabei loslassen. Aber der ließ nicht los, biss immer fester zu und gab den Kampf selbst unten auf dem Erdboden nicht auf.

Die drei Abenteurer wollten sich nicht länger diese blutrünstigen Massaker ansehen, sondern beobachten, was die Bienenläuse auf der Blüte anstellten. Der Puppenräuber wird Sieger bleiben, er wird die Raupe auffressen, und seine Arbeit ist dem Menschen nützlich, denn manche Raupen schädigen ganze Wälder.

»Jetzt lassen wir uns wirklich nicht mehr länger aufhalten«, sagte der Doktor, »und wenn es vom Himmel Schokolade und Marzipan regnet. Ja, was ist denn da wieder los?« Neugierig trat der Doktor hinzu.

»Aber, lieber Doktor, du wolltest dich doch nicht mehr aufhalten lassen?«, ermahnte ihn Traute.

Der Doktor aber sagte: »Kinder, was dort gerade passiert, hat etwas mit Bienenläusen zu tun. Kommt mit mir.«

Ein *Maiwurm* – bezeichnet auch als *Schwarzblauer Ölkäfer* – machte sich auf dem Sandboden zu schaffen. Wie ein viel zu kleiner Frack saßen die beiden Flügelstummel am Leib des Käferweibchens, dessen Hinterkörper weich und dick war. Sie hatte sich eine kleine Höhle gegraben und dort hinein ihre Eier abgelegt. Wieviel Eier so ein Maiwurmweibchen legen kann ... unglaublich! Viertausend Eier legt so eine Käferin, zwar nicht in eine einzige Grube, sondern in mehrere, aber die Leistung ist doch erstaunlich. Und da – unweit von dieser Stelle – krabbelten kleine Tierchen aus den Eiern hervor. Sind das etwa *Bienenläuse*? Richtig, diese kleinen Lebewesen kriechen an einem Pflanzenstängel empor, um zur Blüte zu gelangen.

»Jetzt habt ihr die Mutter der winzigen Bienenläuse kennen gelernt. Nun wollen wir uns aber wirklich nicht länger aufhalten lassen und die Blume besteigen«, sagte der Doktor.

Die drei liefen stramm darauf zu. Am Blütenstängel angekommen, schnallte jeder die Steigeisen an seine Schuhe. Dieter musste als erster an dem Stängel nach oben klettern. Ihm folgte Traute und als letzter machte sich der Doktor an den Aufstieg. Als sie anschließend auf der Blüte Platz gefunden hatten, erklärte er:

»Um eine Reise gemeinsam mit den Bienenläusen zu

machen, dafür sind wir natürlich viel zu groß. Darum muss jetzt jeder den Inhalt dieses kleinen Fläschchens austrinken, worin sich eine genau abgemessene Menge meines Wunderwassers befindet.«

Nachdem jeder sein Fläschchen geleert hatte, wurde er genauso so winzig wie die Bienenläuse, die in großer Anzahl zwischen den Blütenblättern saßen. Aber die Bienenläuse verzehrten weder Blütenstaub noch Honig; sie schienen auf etwas zu warten – nur worauf?

Eine Fliege kam angesaust, sie ruhte sich nur kurz auf der Blüte aus, um gleich weiterzufliegen. Aber sofort hakten sich einige Bienenläuse an einem Fliegenbein fest. Dieter wollte es ihnen nachmachen, aber der Doktor hielt ihn zurück:

»Hiergeblieben! Die Bienenläuse wissen doch nicht, was sie tun. Von ihrer Mutter, der Frau Maiwurm, sind sie nicht aufgeklärt worden. Wie jedes Menschenkind nach der Mutterbrust greift und Milch trinkt, ohne dass es dazu angeleitet wurde, so wissen die Bienenläuse nur eins: Kommt hier etwas angeflogen, dann einhaken und festhalten. Sie können nicht Fliegen von Wildbienen unterscheiden. Die am Fliegenbein hängenden Bienenläuse müssen daher elendig verhungern. Warum? Das werdet ihr vielleicht noch erfahren.«

Jetzt kam ein Rosenkäfer angebrummt. Wieder hakten sich ein paar Bienenläuse ein. Auch die werden verhungern und sterben müssen. Dann setzte sich eine *Hausbiene* auf die Blüte. Aber auch auf ihr müssen die Bienenläuse verhungern. Jetzt begriff Dieter, warum das Maiwurmweibchen so viele Eier legt. Es muss eine Riesenmenge von Bienenläusen produzieren, weil die meisten nicht überleben.

Endlich kam eine *Wildbiene* angesummt. Wieder hakten sich einige Bienenläuse ein, aber auch der Doktor, Dieter und

Traute passten den richtigen Moment ab und hielten sich im Pelz der Biene fest. Zwar war die Wildbiene nicht an den zusätzlichen Ballast gewöhnt, flog aber dennoch gleich zu ihrem Nest. Dort hatte sie schon einige Wachszellen hergestellt, die mit Honig angefüllt waren. Dieter und Traute wagten während des Fluges nicht, nach unten zu schauen; sie befürchteten, dadurch schwindlig zu werden und hinunterzufallen. Aber der Doktor blickte zuversichtlich nach vorn. Er wollte wissen, wohin die Reise ging, und ob die Biene geraden Fluges ihr Nest aufsucht. Da fiel ihm plötzlich ein, dass er gar nicht darauf geachtet hatte, ob es eine weibliche oder männliche Biene war. War sie ein Männchen – also eine Drohne – dann mussten die Bienenläuse verhungern, denn die Bienenmänner kümmern sich nicht um Nest und Brut. Das ganze Experiment wäre dann umsonst gewesen.

Aber zum Glück war die Biene ein Weibchen. Sie flog zum Nest, zu ihren mit Honig gefüllten Wachszellen. Dort kroch sie

161

einige Male hin und her, und die Bienenläuse klammerten sich weiter an ihr fest, während sie in eine der Honigzellen ein Ei legte. Das war für eine Bienenlaus das Signal, sich von der Biene zu lösen und sich in diese Honigzelle zu stürzen. Der Doktor, Dieter und Traute ließen gleichfalls los und ließen sich auf dem Zellenrand nieder. Kaum war die Biene fort, so stürzte sich die Bienenlaus auf das frisch gelegte Ei und verzehrte es.

So ein kleiner, heimtückischer Räuber! Während der Fahrt hatte die Bienenlaus die Biene nie belästigt, hatte kein Blut gesaugt wie eine echte Laus. Aber in der Zelle angelangt, tötete sie sofort das künftige Kind der Biene. Dann krabbelte sie auf dem Honig herum, fraß und fraß und wurde zusehends immer dicker. Doch solche Mengen vertrug der Magen der Bienenlaus nicht, denn schon zu lange hatte sie gehungert. Mitten beim Fressen platzte sie, und der Haut entstieg ein dicker Wurm, der einem Engerling ähnelte.

Die Kinder beobachteten, wie sich auch in der benachbarten Zelle ein solch dicker Wurm im Honig wälzte. Der Doktor erklärte ihnen:

»Die Bienenläuse, die hier zu Bienen-Engerlingen geworden sind, fühlen sich hier so wohl, dass sie die Bienenzellen gar nicht mehr verlassen wollen. Ihr dicker Leib wird immer umfangreicher. Erst fressen sie das Bienenei auf, dann den Honig, und dann gehen sie zu den Nachbarzellen hinüber und fressen da weiter. Die Bienenmutter hat überall schöne Leckerbissen abgelegt. Manchmal treffen es die Bienenläuse nicht so gut an, dann können sie sich nicht so voll essen. Deswegen gibt es auch so verschieden große Maiwürmer. Manche sind sehr groß, manche etwas kleiner.«

Mitten in der Erzählung des Doktors machte sich in einer Zelle eine Bienenlauspuppe frei. Die Bienenlaus war zuerst ein

Engerling geworden, dann wurde sie zur Puppe, und jetzt regte sie sich darin. Die Hülle krachte, und nun endlich kroch aus ihr ein fix und fertiger Maiwurm heraus.

»Das ist der Lebenslauf einer Bienenlaus. Deren Kinder sind winzig und klein, für gewöhnliche Menschenaugen kaum erkennbar. Doch aus denen entwickelt sich wieder eine Maiwurmfrau, die um die viertausend Eier in die Erde legt«, erklärte der Doktor.

Schon wollten sich die Kinder an den Maiwurm heranpirschen, aber der Doktor hielt sie zurück:

»Vorsicht, Kinder, der Maiwurm spritzt aus seinem Körper das Reizgift *Kantharidin* aus, das wie Öl aussieht. Auch ein anderer Käfer – die so genannte *Spanische Fliege* – schützt sich vor Fressfeinden durch diesen Giftstoff. Gelangt der allerdings auf die menschliche Haut, entstehen dort große, manchmal sogar faustgroße Blasen. Weil diese Tiere sich sonst nicht wehren können, schützen sie sich durch dieses Gift. Kommt daher dem Maiwurm nicht zu nahe!«

Inzwischen krabbelte der Maiwurm fort. Nun fürchteten die drei, wenn die Biene zurückkäme und die Zerstörung sähe, dass s i e dann für die Verursacher gehalten würden. »Wir wollen das Bienennest lieber vorher verlassen«, meinte der Doktor. Daraufhin wurden die Fallschirme aufgespannt, und jeder vertraute sich Luft und Wind an.

Natürlich waren sie zu winzig für eine richtige Luftreise. Vom Wind wurden sie hin und her geblasen, und manchmal hatten sie das Gefühl, die Reise ginge nicht abwärts, sondern nach oben. Der Wind schien zuzunehmen, und der Doktor befürchtete, sie könnten während der Luftreise vom Größerwerden überrascht werden. Vielleicht ging die Reise viel zu hoch? Wenn doch nur Windstille einträte und sie so langsam

163

wie Federn nach unten sänken. Aber der Wind blies immer kräftiger, und es wurde immer ungemütlicher unter dem Fallschirm. Jetzt wurde es sogar ganz arg. Es begann zu regnen, und riesige Wassertropfen, groß wie Luftballons, rauschten an ihnen vorbei. Die Sache wurde lebensgefährlich, denn wenn so ein riesiger Wasserballon ein Zwerglein traf, dann war es mit seinem Leben aus. Manche Wassertropfen streiften nur die Fallschirme, aber dabei wurden diese hinabgedrückt, und zwar so gewaltig, dass es einen fürchterlichen Ruck durch ihre Körper gab. Wenn schon ein Ende, dann lieber ein Ende mit Schrecken als einen Schrecken ohne Ende. Es war den Kindern schon recht, dass sie mit solcher Gewalt der Erde zugetrieben wurden. Sie hofften nur, dass diese Luftreise bald zu Ende ginge. Nur der Erde zu, weiter wünschten sie sich nichts.

Als sie jetzt nach unten blickten, bekamen sie einen gewaltigen Schreck. Denn direkt unter ihnen rauschte und brodelte das Wasser. Es sah so aus, als würden sie im Sturm auf dem Ozean landen. »Das gibt ja eine schöne Landung«, ächzte Dieter. Traute aber konnte vor Schreck gar keinen klaren Gedanken mehr fassen. Jetzt klatschten die drei auf dem brodelnden Wasser auf, gingen gleich unter und bekamen keine Luft mehr. Aber kurz danach tauchten ihre die Köpfe aus den Fluten wieder auf. Ängstlich schaute sich der Doktor nach Traute und Dieter um. Nicht weit von ihm schwammen die Kinder, von den Wellen hin und her gerissen. Hilfe konnte er ihnen nicht bieten. Wenn in der Nähe ein riesiger Wasserballon aufklatschte, dann gab es so hohe Wellen, dass einem der Atem wegblieb. Dieter dachte gerade darüber nach, was wohl aus ihm werden würde, wenn so ein Wasserballon auf seinem Kopf aufplumpste. Der Gedanke war noch nicht zu Ende, da sah er über sich ein solch fürchterliches Ding auf sich zu sausen. Er wollte noch schnell abtauchen, um dem Aufprall zu entgehen, da spürte er einen mächtigen Schlag, wurde tief in das Wasser hinunter gedrückt ... und verlor die Besinnung.

Was dann aus ihm wurde, wusste er nicht mehr. Erst später erzählte ihm der Doktor, dass er das Unglück bereits kommen sah. Er wollte helfen, versuchte zu ihm zu schwimmen, aber die Flut hinderte ihn daran. Während seiner vergeblichen Bemühungen setzte das rettende Wachstum ein. Zuerst spürte er wieder den Boden unter seinen Füßen, er konnte im Wasser stehen, dann wuchs er weit über das Wasser hinaus, und das kochende Meer wurde zu einer flachen Wasserpfütze, einem harmlosen Rinnsal. Es regnete, das war alles, und es regnete nicht mal besonders stark. Er eilte zu Dieter, der betäubt von dem Schlag am Boden lag, aber ebenfalls wieder gewachsen war. Auch Traute war in ihrer natürlichen Größe zur Stelle. Das Wachstum und das Prickeln im Körper mussten Dieter ins Leben zurückgeholt haben, denn kurz darauf schlug er seine Augen auf.

Ziemlich durchnässt trafen die drei im Haus des Doktors ein. Dort trockneten sie sich ab, dann sezten sie sich an den großen Tisch im Wohnzimer, wo sie noch lange bei Kakao und Kuchen beisammen saßen. Alle Aufregungen waren schnell wieder vergessen.

12

FLUG ZWISCHEN FLIEGEN
UND SPINNEN

Dieter saß zu Hause und erledigte seine Schulaufgaben: Wenn ein Ei 30 Cent kostet, wieviel kosten dann zwölf? Er musste nicht lange rechnen und schrieb hin: 3 Euro und 60 Cent.

Wenn die Miete für ein Ruderboot und für eine Stunde 12 Euro kostet, wieviel kostet die Miete für drei Ruderboote und für zwei Stunden? Wieder schrieb Dieter ohne viel Rechnerei ins Heft: 72 Euro. Wenn aber die Miete für vier Ruderboote und für drei Stunden 126 Euro kostet, wieviel kostet die Miete für ein Ruderboot und für eine Stunde?

Jetzt musste sich Dieter schon mehr anstrengen, aber er schrieb bald hin: 10 Euro und 50 Cent.

Seine Mutter beobachtete ihren Sohn und wollte ihm gleichfalls eine Rechenaufgabe stellen:

»Du kannst doch so schön rechnen, kannst du mir folgende Aufgabe lösen? Ein Dampfer ist 45 Meter lang, 15 Meter breit, der Schornstein ist 12 Meter hoch. Wie alt ist der Kapitän?«

Dieter dachte kurz nach, dann sagte er siegessicher:

»So was kann doch kein Mensch ausrechnen! Nun, wie alt ist denn der Kapitän?«

Die Mutter antwortete: »Fünfzig Jahre.«

»Und – wie hast du das herausbekommen?«

»Der Kapitän hat es mir verraten.«

Die Mutter lachte und Dieter lachte ebenfalls aus Freude, weil seine Mutter vergeblich versucht hatte, ihn reinzulegen. Die Rechenaufgaben waren bald erledigt, nun musste Dieter noch einen Deutschaufsatz verfassen. Der Lehrer hatte das Thema gestellt: ›*Warum sind unsere Stubenfliegen schädlich?*‹ Schade, dass Dieter den Doktor schon seit einiger Zeit nicht mehr aufgesucht hatte. Der hätte ihm bestimmt sehr viel über die Stubenfliegen erzählen können, viel mehr, als der Lehrer wusste. Aber der Doktor hatte sich schon eine ganze Weile nicht mehr sprechen lassen. Der tat nämlich wieder so geheimnisvoll und hatte angeblich viel zu tun. Bestimmt hatte er wieder eine Überraschung parat. Ob er wohl wieder ein U-Boot herstellte?

Aber der Aufsatz musste geschrieben werden. Vielleicht konnte die Mutter ihm etwas über Fliegen erzählen.

»Mama, warum sind eigentlich die Stubenfliegen so schädlich?«

»Die Stubenfliegen? Naja, wenn man sich nach dem Mittagessen nur für ein Viertelstündchen schlafen gelegt hat, dann kommen die kleinen Plagegeister und stören einen immerzu. Summ summ ... verrückt könnte man dabei werden. Aber es gibt eine Fliege, die nicht schädlich ist. Das ist nämlich die Winterfliege, die so genannte *Glücksfliege*. Wer im Winter so eine Fliege in der Wohnung hat, der sollte sie keinesfalls töten, denn sie bringt Glück.«

»Aber Mama, das ist ja gerade die gefährlichste Fliege. Zum Winteranfang sterben alle Fliegen ab. Ein kleiner Pilz befällt sie, woran sie zugrunde gehen. Es wäre gut, wenn es allen Fliegen so erginge. Aber einige dieser Biester überleben die Kälte in den warmen Wohnungen, werden dort von uns Menschen geschützt, weil wir glauben, sie brächten uns Glück. Aber gerade diese Winterfliegen legen im Frühjahr so unglaublich viele Eier, dass wir uns hernach vor Fliegen nicht mehr retten können. Die Winterfliegen sind also reine Unglücksfliegen.«

»Davon habe ich noch gar nichts gehört. Und warum sollen die Fliegen so schädlich sein?«

»Mama, erst krabbelt die Fliege im Abfalleimer herum, dann fliegt sie auf den Tisch und setzt sich auf unser Essen. Das ist nicht nur unappetitlich, sondern dadurch werden auch Krankheitskeime verbreitet. Fliegen sind das moderne Gift. Was würdest du denn sagen, Mama, wenn ich mit meinen Beinen durch einen Tümpel watete, dann auf den Teppich ginge und zuletzt auf den Tisch kletterte, ohne mir die Beine zu waschen?«

»Na, so viel Schmutz machen die Fliegen wirklich nicht, so wie du – mit deinen dreckigen Schuhen.«

»Aber in Abfalleimern und auf Mülldeponien wimmelte es nur so von gefährlichen Krankheitskeimen. Und die Fliegen schleppen diese Keime mit sich herum. Das genügt, um Fliegen für uns Menschen als ›gefährlich‹ zu erklären. Deine Glücksfliegen bringen uns nichts Gutes.«

»Den dicken Brummer da an der Scheibe, den kannst du totmachen, der nervt mich schon den ganzen Tag. Aber die jungen Fliegen, die ganz kleinen, die lass doch leben. Die sind ja erst seit kurzer Zeit auf der Welt.«

»Aber Mama, das stimmt ja nicht. Die großen Brummer sind nicht die alten Fliegen, und die kleinen Fliegen sind nicht die jungen. Die kleinen Fliegen bleiben immer klein, auch wenn sie ganz alt geworden sind, und die Brummer waren schon bei ihrer Geburt so groß. Es gibt eben viele Arten von Fliegen.«

»Junge, woher weißt du denn das alles? Du wirst bestimmt mal Naturforscher, du kleiner Fliegen-Professor? Wer hat dir denn das alles beigebracht?«

Beinahe hätte Dieter wieder gesagt ›Der Doktor Kleinermacher‹, aber er biss sich auf die Zunge und verriet nichts. Brav schrieb er seinen Aufsatz über die Schädlichkeit der Fliegen, danach wollte er gemeinsam mit Traute den Doktor Kleinermacher aufsuchen. Der konnte ihm bestimmt noch viel mehr über Fliegen erzählen. Außerdem sollte er ihnen endlich mal zeigen, woran er seit einiger Zeit so geheimnisvoll bastelte. Traute fand sich sofort bereit, ihn zu begleiten.

Als der Doktor die Tür öffnete, überfiel ihn Dieter gleich vorwurfsvoll:

»Lieber Doktor, willst du denn gar nichts mehr mit uns zu tun haben? Wir halten das nicht mehr länger aus. Und jetzt musste ich einen Aufsatz über die Schädlichkeit der Stubenfliegen verfassen. Kannst du mir vielleicht noch einiges über diese Plagegeister verraten, insbesondere über die Glücksfliegen?«

Der Doktor begrüßte die beiden wie immer herzlich und ließ sie eintreten. Danach sagte er:

»Zunächst mal zu den Fliegen. Du weißt ja, weshalb die für uns so schädlich sind, denn darüber hatte ich euch schon früher einiges erzählt. Die Gefährdung durch von Fliegen übertragene Krankheitskeime ist dir ebenfalls bekannt. Aber wie so eine Fliege entsteht, will ich dir gern kurz schildern. Einmal in ihrem Leben feiert eine Stubenfliege Hochzeit. Nach drei Tagen legt sie schon Eier, so siebzig bis neunzig Stück, und die legt sie überall hin, wo Schmutz oder Mist ist. Das macht die Fliege so ungefähr viermal. Bereits nach sechs Stunden – es können auch mehr werden – kriechen aus den Eiern kleine Maden heraus, Maden ohne Kopf, ohne Beine und ohne Augen. Die wühlen vierzehn Tage im Schmutz herum, fressen und werden dabei ganz schön rundlich. Dann verpuppen sie sich. Nach weiteren drei bis vier Tagen verlässt eine fix und fertige Fliege ihre

Puppe. Die Fliege hat bereits ihre endgültige Größe, denn sie wächst nicht mehr. Nach vierzehn Tagen etwa beginnt die neue Fliege mit der Eierlegerei. Eine Stubenfliege wird so ungefähr acht bis zehn Wochen alt. Wenn sie stirbt, ist sie schon vielfache Großmutter geworden. Und so eine *Glücksfliege* hat nach einem Vierteljahr eine Nachkommenschaft von über zwanzig Millionen Fliegen.«

»Oooh!«

»Natürlich haben die Fliegen auch Feinde, und nicht jedes Ei kann sich zur Made entwickeln, besonders wenn die Hausfrau keinen Schmutz in der Wohnung duldet. Aber nun genug von deinen dummen Fliegen. Ich habe etwas viel was Besseres, nämlich eine große Überraschung für euch.«

Der Doktor ging zu seinem Schrank, aus dem er eine kleine Schachtel herausholte. Er öffnete sie und entnahm ihr ein ganz winziges Flugzeug, das kaum größer als eine Libelle war. Jedes Kind bekam ein Vergrößerungsglas in die Hand, und dann erklärte ihnen der Doktor sein Wunderwerk. Das Flugzeug war ein Mittelding zwischen einem normalen Flugzeug mit Propellerantrieb und einem Hubschrauber. Es verfügte wie dieser über zusätzliche Rotorflügel, damit das Fahrzeug sowohl senkrecht starten als auch in der Luft stillstehen kann. Es war durch und durch aus rostfreiem Metall hergestellt. Die Kabinen waren mit großen Fenstern versehen, was einen guten Ausblick ringsum gestattete. Aber der Doktor hatte noch weiter gedacht. Zwar war die Geschwindigkeit durch den vorderen Propellerantrieb recht beträchtlich, aber man musste auf Angriffe durch genauso schnell fliegende Greifvögel gefasst sein. Deshalb hatte der Doktor im Rumpf des Flugzeuges eine Raketenanlage eingebaut. Wenn diese abgefeuert wurde, dann schoss das Flugzeug so schnell dahin, dass kein Falke es einholen konnte.

Von allen Seiten wurde das Wunderwerk betrachtet. Was der Doktor alles herstellen konnte! Es gab kaum etwas, was er nicht fertig brachte. Jetzt öffnete er das Zimmerfenster und sagte:

»Wir können gleich losfliegen. Zuerst machen wir eine Runde in der Stube, und dann geht es hinaus an die frische Luft.«

Doktor Kleinermacher schüttete jetzt so viel von dem Wunderwasser in die Messbecher, bis die Strichmarke 7 erreicht war. Dann stellten sich alle drei neben das bereits startbereit auf dem Tisch befindliche Flugzeug. Gleich begannen sie zu schrumpfen, bis sie so klein wie Stubenfliegen waren. Dann stiegen sie in das Flugzeug ein. Der Doktor führte die beiden Kinder zu ihren Sitzen, dann warf er den Propeller an und bestieg ebenfalls das Flugzeug. Als sich die Rotorflügel immer schneller drehten, erhob sich der kleine Flieger sanft wie eine Feder über den Tisch. Der Doktor jubelte, und Traute ergriff vor Freude Dieters Hand und drückte sie, so sehr freute sie sich über dieses unerwartete Abenteuer.

Zunächst erprobte der Doktor noch sämtliche Funktionen seines Flugzeugs. Es flog ganz langsam empor, dann machte es einen langsamen Flug nach vorn und schließlich sogar rückwärts. Alles klappte ganz toll.

Jetzt bewies der Doktor auch als Pilot sein Können. Als eine dicke Fliege durch das Zimmer flog, steuerte er fröhlich pfeifend hinter ihr her. Die Fliege kreiste im Zimmer herum, das Flugzeug ihr immer folgend. Wenn sich die Fliege mal ausruhen wollte, dann hielt das Flugzeug in der Luft an, sodass sie die Fliege nie aus den Augen verloren. Wunderbar, das Flugzeug reagierte zuverlässig auf jeden Handgriff des Doktors.

Während sie im Zimmer herumflogen, konnten sie den dicken Brummer gut beobachten. Dessen Augen bedeckten fast seinen ganzen Kopf. Wie alle Fliegen besitzt auch ein solcher Brummer nur zwei flugfähige Flügel, die beiden anderen Flügel sind zu kleinen Schwingkolben verkümmert. Der Doktor erklärte den Kindern, dass die Fliege mit diesen Schwingkolben balanciere und so ihr Gleichgewicht halte. Wenn man den Fliegen diese Schwingkolben abschneide, dann torkelten sie in der Luft wie Betrunkene herum.

Unter ihnen auf dem Tisch hatte sich eine andere Fliege niedergelassen und schlürfte den Zucker auf. Der Doktor hielt das Flugzeug oberhalb der Fliege an. Die Zuckerstückchen kann die Fliege nicht fressen, sie sind dafür zu groß. Darum drückt sie mit ihrem Rüssel etwas Speichel auf den Zucker, der sich dadurch auflöst. Den Zuckersaft saugt dann die Fliege auf. Alles Essbare muss die Fliege mit ihrem Speichel besabbern, igitt! Darum ist es ekelhaft und unappetitlich, wenn Fliegen auf unseren Speisen herumkrabbeln und davon naschen.

Obwohl jetzt das Flugzeug neben dem Brummer unbeweglich in der Luft stand, konnte keiner die Auf- und Abbewegungen der Fliegenflügel erkennen, denn das geschah dafür viel zu schnell. Die Kinder wollten nun wissen, wie oft in der Sekunde diese Flügel auf und nieder gingen. Der Doktor wusste das natürlich und sagte:

»Beim Kohlweißling geschieht das neunmal pro Sekunde; das ist doch schon ganz flott, nicht wahr? Bei der Libelle geht es schon schneller, denn achtundzwanzigmal pro Sekunde bewegen sich ihre Flügel. Bei der Biene sind es bereits hundertneunzig Bewegungen in der Sekunde, aber bei der Stubenfliege – haltet euch fest – bewegen sich deren Flügel pro Sekunde dreihundertdreißigmal auf und ab! Kein Wunder, dass deren Flügelschlag gar nicht mehr erkennbar ist und dadurch so ein Gebrumm entsteht.«

Was der Doktor alles erzählen kann, man kommt aus dem Staunen nicht heraus! Nun aber genug von den Stubenfliegen! Das Fenster steht offen, die Natur ruft! Hinaus aus dem Zimmer und hinein in die frische Luft! Wie ein Falke sauste das Flugzeug durch das Fenster. Elegant wich es jedem Hindernis aus, beschrieb herrliche Kurven in der Luft und schraubte sich immer höher. Die drei schwelgten im Höhenrausch der Fliegerei.

Nun aber wieder runter, die Kinder wollten schließlich etwas sehen. Da, zwischen den Zweigen, hing ein Spinnennetz. Ein dicker Brummer zappelte im Spinnenleim, worin er sich immer mehr einwickelte. Das Flugzeug stand jetzt in der Luft direkt vor dem Spinnennetz. Deutlich konnte Dieter sehen, dass nicht alle Spinnenfäden voller Spinnenleim waren, sondern immer nur in kleinen Abständen befanden sich winzige Klebetröpfchen. Eine Spinne kann unbehelligt wie ein Seiltänzer über ihr eigenes Netz laufen, aber jedes andere Tier verwickelt sich unbarmherzig in deren klebrigen Fäden. Da schoss die Spinne aus ihrem Versteck hervor und stürzte sich auf ihr Opfer, das sie durch einen Giftbiss lähmte. Trotzdem zappelte es noch eine ganze Weile. Jetzt wickelte die Spinne ihr Opfer ein, und das geschah rasend schnell. Fortlaufend wurde ein Faden aus der Spinnendrüse herausgedrückt, wobei der Brummer immerzu herumgedreht wurde, damit ihn der Spinnenfaden gänzlich umwickeln konnte. Dann hängte sie ihr halbtotes Opfer vor das Spinnennetz und verschwand wieder darin. Erst wenn sie Hunger hatte, würde sie es fressen.

Der Doktor brachte seine Maschine wieder in Gang und flog langsam vom Baum auf eine Mauer zu. Hier hielt er wieder an, denn er hatte etwas gesehen, was er genauer betrachten wollte. Auf der Mauerwand saß eine Spinne. Unter ihr an der Wand krabbelte eine kleine Fliege herum. Die Spinne ließ ihr Opfer nicht aus den Augen, aber nirgends war ein Netz zu sehen. Plötzlich sprang die Spinne hinab und auf die Fliege zu, die sie zwar erreichte, aber auch das Opfer hatte die Wand verlassen, und nun schwebten beide, wie von einem unsichtbaren Faden gehalten, in der Luft. Was war denn da geschehen? Aber der Doktor wusste auch hier eine Erklärung:

»Das hier ist eine *Hüpfspinne*. Sie spinnt kein Netz, sondern nur einen Faden, den befestigt sie auf ihrem Sitzplatz. Wenn sie nun von oben auf die Fliege springt, dann nur so weit, wie der Faden lang ist. Dann schwebt sie mit ihrer Beute in der Luft, sofern sie diese erwischt hat.

Ja, nicht alle Spinnen können spinnen. In Südrussland gibt es *Walzspinnen*, ziemlich große Biester, die gehen wie Wölfe auf die Jagd, ohne ein Fangnetz anzulegen. Und auch die berühmte *Vogelspinne* Amerikas webt sich kein Netz zusammen. In manchen Büchern stößt man auf Abbildungen einer Vogelspinne in ihrem Fangnetz, worin ein Vogel zappelt. Das ist natürlich Unsinn. Eine Vogelspinne webt sich kein Netz. Sie überfällt Insekten, manchmal auch Eidechsen und Frösche, und wenn sie Glück hat, dann erwischt sie auch mal einen kranken oder schlafenden kleinen Vogel. ›Vogelspinne‹ ist also eine irreführende Bezeichnung.

Unsere Spinnen sind übrigens auch nicht von Pappe. Zwar ist ihr Gift für uns Menschen ungefährlich, auch kann die Kreuzspinne noch nicht mal unsere Haut durchbeißen. Selbst wenn sie es könnte, sie hat nicht so viel Gift in sich wie die *Tarantel* in Italien oder der *Skorpion* in Ägypten. Aber auch der Biss der Tarantel verursacht bei uns Menschen nur Entzündungen und Schmerzen. Nein, gefährlich sind unsere Spinnen also nicht. Sie sind sogar nützlich, abgesehen davon, dass sie auch Honigbienen fangen.

Aber ihr sollt auch noch etwas anderes erfahren. Die Spinnenweibchen sind fast alle größer als die Männchen. Wenn nun so ein kleines Männchen auf der Brautschau ist und sich bei einem Weibchen vorstellt, dann muss sich das kleine Kerlchen vorsehen. Eins, zwei, drei, hast du nicht gesehen, schon hat das stärkere Weibchen den armen Brautwerber erwischt, totgebissen und aufgefressen. Was für ein Glück, dass unter uns Menschen feinere Sitten herrschen.«

Während des Gesprächs hatte der Doktor das Flugzeug wieder langsam höher steigen lassen. Es machte allen ungeheuren Spaß, wie ein geölter Blitz durch die Luft zu fliegen. Vor ihnen flog ein Schwarm Vögel, es waren Schwalben. Sie waren schnell erreicht, aber die Vögel wollten jetzt nach dem Flugzeug schnappen in der Annahme, es sei eine Libelle. Aber das Flugzeug war schneller als sie und wich ihnen immer geschickt aus. Als die Maschine sich von den Schwalben entfernt hatte, schoss ein anderer kleiner Vogel auf das Flugzeug zu. Es war keine Schwalbe, sah aber wie eine Schwalbe aus. »Das ist ein *Mauersegler*, einer unserer besten Flieger«, sagte der Doktor. Kaum hatte er das gesagt, musste er feststellen, dass mit dem Mauersegler nicht zu spaßen war. Er versuchte wie zuvor die Schwalben, das Flugzeug mit dem Schnabel zu schnappen, und der Doktor erkannte mit Schrecken, dass der Mauersegler viel schneller war als sein Flugzeug. Aber wozu hatten sie denn Raketen mitgeführt? Dieter muss sich an das Steuer setzen, und der Doktor machte die Raketenanlage startbereit. Schon nach dem ersten Rückstoß der Rakete flog die Maschine so schnell dahin, dass der

Mauersegler auf der Strecke blieb. Auch dieser Gefahr waren sie glücklich entkommen!

Wieder nahm der Doktor elegante Kurven und wollte sogar Kunstfiguren üben, als er eine erneute Gefahr auf sie zukommen sah. Der Schnellste aller Vögel schoss jetzt auf das Flugzeug zu. Der *Baumfalke* ist zwar nicht so groß wie sein Bruder, der *Wanderfalke*, aber noch schneller als dieser kann er durch die Lüfte sausen. Der Wanderfalke fängt wohl Schwalben, aber Mauersegler holt er nicht ein. Dagegen fängt der Baumfalke auch Mauersegler. Er ist der König aller Flieger. Nun schnell wieder an die Raketenanlage! Wieder setzten die ersten Rückstöße ein, dann folgen immer weitere, aber der Abstand zwischen Baumfalken und Flieger will sich nicht vergrößern. Immer noch fliegt der Baumfalke hinterher. Wie mag das nur enden?

Jetzt saust der Doktor mit seiner Maschine nach unten. »Wir müssen das rettende Blätterdach aufsuchen, dorthin kann uns der Baumfalke nicht so leicht folgen. Also schnell runter!«, schrie er. Erst im Wald mäßigte der Doktor die Geschwindigkeit, um nicht an einen Baum zu stoßen. Jetzt war man wohl jeglicher Gefahr entronnen – dem Himmel sei Dank!

Da! Was war denn das? An irgendetwas Weiches war das Flugzeug gestoßen. Es zitterte noch etwas in der Luft, dann aber stand es still. Nur die Propeller arbeiteten noch etwas, aber bedeutend langsamer.

Ein Blick zum Fenster hinaus ließ die Lage erkennen. Das Flugzeug saß in einem Spinnennetz fest. Der Propeller drehte sich zwar noch ein wenig, riss auch ein paar Löcher in das Netz, dann aber verwickelte er sich mehr und mehr, bis er völlig stillstand.

»Wozu haben wir denn eine Raketenanlage? Ein paar

Rückstöße, und wir werden wieder frei sein«, meinte Dieter. Aber die Raketen waren aufgebraucht, der Wettflug mit dem Baumfalken hatte ihnen den Rest gegeben. Was nun? Dieter wollte das Fenster öffnen und hinausklettern, aber der Doktor hielt ihn zurück, denn eine riesige Spinne näherte sich dem Flugzeug. Sie versuchte, irgendwo einen Biss anzubringen, fand aber auf der Metallhaut keine dafür geeignete Stelle. Dann wirbelte sie das Flugzeug herum, spann und spann einen langen Faden, der das Flugzeug wie in einen Beutel einwickelte. Zum Schluss hängte sie den Beutel mit dem Flugzeug zum Netz hinaus. Vielleicht wird das harte Flugzeug mal weich, dass man es verzehren und aufsaugen kann, erhoffte sich wohl die Spinne.

Während des Herumwirbelns wurden die drei Insassen derart herumgeschleudert, dass Dieter nicht mehr wusste, welche Arme und Beine die seinen waren. Den anderen ging es ebenso, und alle klagten über Schwindel und schmerzhafte Beulen. Der Doktor jammerte und schalt sich einen Esel, dass er nicht ein Maschinengewehr eingebaut hatte.

Nun wurde es aber Zeit, das Flugzeug zu verlassen. Dieter ging an das Fenster und wollte es öffnen, aber gleich darauf schoss die Spinne auf ihn zu, weshalb er von seinem Vorhaben abließ. Draußen lauerte also der Tod, aber in dem Flugzeug konnte man auch nicht länger bleiben. Denn sobald das Wachstum einsetzte, mussten alle unbedingt draußen sein. Was sollte man also machen?

Der Doktor überdachte jetzt alle Fluchtmöglichkeiten und fasste folgenden Entschluss: Sobald das Wachstum einsetzte, sollten sich alle aus dem Fenster stürzen und einfach fallen lassen. Bevor man unten ankomme, sei man groß genug geworden, der Aufprall sei dann nicht mehr so schlimm.

Die drei setzten sich nun auf die Rückenlehnen der Sitze, denn die Maschine stand mit dem Kopf nach unten, und warteten auf das Größerwerden. Da pochte etwas von außen gegen die Maschine. Sollte die Spinne vielleicht versuchen, das Flugzeug zu öffnen? Jetzt wurde das Klopfen stärker, und bald war es ein Schmettern und Schlagen, dass einem die Sinne vergehen konnten. Deutlich bemerkten die drei, wie von der Wucht der Schläge das Flugzeug Beulen bekam. Was war denn das nun wieder?

Der Doktor kletterte zu einem Fenster und sah nach draußen. »Kinder, es hagelt! Eisblöcke, so groß wie unser Flugzeug, donnern gegen unsere Maschine. Wenn das man gut geht!«

Aber das Flugzeug war so fest in die Spinnfäden eingepackt, dass die Hagelschläge dadurch etwas gemildert wurden. Wird es wohl dieses Bombardement überstehen, oder wird es von den Eisbrocken zerstört von?

Jetzt zitterte und schwankte das Spinnennetz. Große Löcher wurden in des Doktors Kunstwerk geschlagen. Auf einmal rissen die Spinnenseile, und das Flugzeug plumpste nach unten. Aber der Sturz war nicht so schlimm wie das Eisbombardement, denn der Grasboden milderte den Sturz.

Das Flugzeug wurde immer weiter durch fußballgroße Hagelkörner beschädigt, aber auch die Zwerge litten unter dem anhaltenden Bombardement, von dem sie blaue Flecken überall am Körper davontrugen. Traute hatte Schmerzen und weinte laut, sie wollte aussteigen und nach Hause gehen. Aber der Doktor und Dieter hielten sie zurück, denn bei diesem Unwetter wäre ein Ausstieg tödlich verlaufen.

Endlich fand das Hageln ein Ende. Das Flugzeug war derart verbeult, dass die Tür nicht mehr zu öffnen war. Auch die

Fenster klemmten. Man beschloss daher, das Fenster einzuschlagen. Und so kletterten alle drei aus ihrer einst so stolzen Maschine ins Freie. Aber wie schlimm sah die jetzt aus! Die Propeller waren zerbrochen, das Höhenruder verbogen, die Rotorflügel hingen schlaff herab und der ganze Flugzeugrumpf war total zerknittert! Die Maschine würde also nie mehr fliegen können.

Mit Tränen in den Augen standen die Kinder vor dem Fliegerwrack, und selbst der Doktor konnte die Tränen nicht zurückhalten. Mitten in dieser traurigen Stimmung setzte das Größerwerden ein. Der Doktor konnte seine Tränen nicht mehr abwischen, das Wachstum hinderte ihn daran. Als die Kinder den Doktor beim Größerwerden beobachteten, mussten sie laut auflachen, denn noch immer kullerten Tränen aus seinen Augen. Dieser Anblick war zu komisch.

Die Tränen, sobald sie das Auge verlassen hatten, wuchsen nicht mit, sondern blieben so klein, wie sie waren. Den Kindern erschien daher der Vorgang des Weinens so: Aus den Augen des Doktors kullerten normale Tränen. Diese wurden immer kleiner, und ehe sie die Backen hinunterrollen konnten, waren sie schon verschwunden.

Ende gut, alles gut. Das Abenteuer war sehr gefährlich und aufregend gewesen. Traute und der Doktor hatten Tränen vergossen, alle drei hatten Beulen abbekommen, die beim Größerwerden leider mitgewachsen waren.

Zurück im Haus des Doktors duschten sich alle und setzten sich danach an den Esstisch. Dabei besprachen sie rückblickend ihre Abenteuer, und ständig hieß es: »Weißt du noch, wie wir vor Angst ...?«

Nach dem Essen setzte der Doktor einen dicken Papierstapel auf den Tisch und sagte:

»Wollt ihr wissen, was ich hier habe, liebe Kinder? Ich verrate es euch: Daraus wird einmal ein Buch mit ausführlichen Berichten über alle Abenteuer, die wir gemeinsam erlebt haben. Ich muss allerdings noch einen Bericht über unser letztes Abenteuer hinzufügen, und dann geht's ab in die Druckerei. Und wenn das fertige Buch dann vorliegt, dann bekommt jeder ein von mir persönlich signiertes Exemplar. Und wenn wir uns wiedersehen, dann führe ich euch durch mein Haus, vom Keller über die Küche bis zum Dachboden. Ihr werdet staunen, was alles ihr da zu sehen bekommt.«

»Und wie heißt dann dein Buch?«, wollte Traute wissen.

»Du meinst, welchen Titel es hat? Den verrate ich euch noch nicht, es soll noch ein Geheimnis bleiben. Jedenfalls werdet ihr überrascht sein.«

Dann verabschiedeten sie sich voneinander und der Doktor rief den Kindern noch ein fröhliches »Auf Wiedersehen!« hinterher.

~~~~~~~~

HINWEISE DES HERAUSGEBERS

Liebe Leserin, lieber Leser,

alle drei Bücher der
»DOKTOR-KLEINERMACHER-TRILOGIE«
wurden von mir überarbeitet und neugefasst:

1. **Doktor Kleinermacher führt Dieter in die Welt**
   - Kindle E-Book
2. **Doktor Kleinermachers Erlebnisse
   zwischen Keller und Dach**
   - Kindle E-Book
   - Taschenbuch ISBN 978-1545578513
3. **Abenteuer in Doktor Kleinermachers Garten**
   - Kindle E-Book
   - Taschenbuch ISBN 978-1508613329

Weitere Informationen zu meinen E-Books
und Taschenbüchern finden Sie auf meiner Website
www.chsautor.de.

Hier empfehle ich Ihnen unter anderem den Thriller

   »DIE VERFÜHRUNG«

*Ein pensionierter Biologielehrer überredet ein jugendliches Geschwisterpaar,
sich mit ihm auf Insektengröße verkleinern zu lassen, um gemeinsame
Exkursionen in die Welt der Kleinlebewesen zu unternehmen. Dazu
kommt es aber nicht, sondern zu Ereignissen, die den Leser bis zum völlig
überraschenden Ende in Bann halten.*

   Kindle E-Book
   Taschenbuch ISBN 978-1542418591

Claus H. Stumpff